KB102711

양 같은 교회, 염소 같은 교회

이정구 총장 에세이
양 같은 교회, 염소 같은 교회

2018년 4월 2일 인쇄
2018년 4월 9일 발행

지은이 | 이정구
펴낸이 | 김영호
펴낸곳 | 도서출판 동연
등   록 | 제1-1383호(1992년 6월 12일)
주   소 | 서울시 마포구 월드컵로 163-3
전   화 | (02) 335-2630
팩   스 | (02) 335-2640
이메일 | yh4321@gmail.com

ISBN 978-89-6447-401-3 03040

양 같은 교회,
염소 같은 교회

이정구 지음

동연

머 리 말

총장 재임 중, 2014년부터 2017년 사이에 경기신문과 성공회 신문에 매월 연재했던 작은 글들을 한 자리에 모아 보았다. 그냥 흘려버리기가 아까운 마음도 있었지만, 총장 재임 중에 학술 원고를 생산하지 못하고 있는 것에 대한 보상심리와 나중에 기념도 될 것이란 생각과 바쁜 중에 이런 것도 만들었다고 하고 싶은 유치한 욕망이 출간을 하게 된 동기이다.

연속성이 있는 내용이 아니고 한 주제의 분량이 짧기 때문에 첫 쪽부터 정독할 필요가 없다는 것이 장점이다. 1부는 사회상에 대한 생각을 경기신문에 연재한 것이고, 2부는 그리스도교와 성공회를 주제로 하여 성공회신문에 연재한 것이다. 성격이 다른 두 내용을 합하는 것에 주저함도 있었다. 원고 분량이 많지 않아서 한 권 분량으로 출판하고 싶었고, 1부는 사회, 2부는 교회에 관한 내용인데 그리스도교에 부정적이거나 그리스도교 혹은 성공회에 관심이 없는 분들에게 교회의 존재 가치를 전하고 싶었다. 1부와 2부에 있는 글들을 한 쪽씩 교차해서 편집할까 하는 마음도 있었지만 1부와 2부로 나누었다.

부족한 점들을 너그럽게 보아 주시기 바라며 바쁜 일상 중에 이 글들을 통해 잠시나마 멈춤을 할 수 있었으면 하는 바람이다.

적자일줄 뻔히 알면서 졸고를 기꺼이 맡아주신 도서출판 동연의 김영호 사장님께 깊이 감사를 드린다.

이정구

(사제, 성공회대학교 총장)

차 례

II부

내 주를
가까이하게
함은

_ 129

Anglican Church와 SungKongHoe / 성공회 정신과 무지개 / 주교가 있는 곳에 교회가 있다 / 어여쁜 성공회 / 신앙공동체 / 성공회 강화읍교회 | 성 베드로와 바우로의 교회 / 안중, 평택, 천호동, 온수리교회 / 옥스퍼드와 캠브리지의 고교회 운동 / 1926년 서울 / 레타비(W. R. Lethaby) / 조지 워싱턴 헨리 잭(Georgy Washington Henry Jack) / 건축과 전례 / 대한성공회 정체성, 만용 / 성공회의 전도 / 선교교회 건축(1) / 선교교회 건축(2) / 수면(睡眠) 교회 / 신앙생활 방학 / 잠시 멈춤 교회(1) / 잠시 멈춤 교회(2) / 상자갑(BOX) 교회 / 상자갑 교회 꾸미기 / 전도를 위한 교회 건축물 / 매력이 있는 교회 / 종교개혁과 서울 주교좌교회 건축 활용 / 작고 작은 주교좌교회 / 기쁨이 차고 넘치는 교회 / 화합의 교회 건축 / 교회의 역할 / 박선달의 회심 / 일상기도 /성직자의 개인윤리와 정치적 촉수 / 교회의 구조개혁 / 주교 선출과 징계 / 신자와 고위성직자 / 교회의 변화 / 서울 주교좌교회 주차장 / 내 주를 가까이하게 함은 / 교회 건달 / 드러내어 자랑하기 / 양 같은 교회, 염소 같은 교회 / 고장나는 교회 / 교회 교정 전문가 / 4차 산업과 교회 / 성탄 축제 / 한국 교회 건축

1부

토끼와 고양이

선거 즈음의 욕망

회갑이 지나도록 살아오면서 자식으로 인해 짧은 순간이지만 이렇게 가슴이 아려본 적이 없었다. 일 년 전 딸애를 시집보내고 나서 집에 돌아와 자기 짐을 챙겨 나간 텅 빈 그 애 방을 볼 때도 지금 같지는 않았다. 불혹에 얻은 아들이 지난 춘삼월 초, 황사가 일던 날, 전방으로 입대하는데 동행했다. 늦은 밤 집에 돌아와 잠자리에서 막 튀어나온 채로 잠시 집을 떠난 흐트러진 그놈의 방을 보는 순간 그랬다.

아내는 방바닥에 널려져 있는 그놈 옷 냄새를 맡으며 소리죽여 울었다. 자식을 전방에 보내는 모든 엄마들이 운다는 얘기를 들었다. 철원 지방이 춥다지만 그나마 봄날에 입대해서 다행이라는 위로는 순간 사라지고, 아내의 숨죽이는 흐느낌 소리로 인해 가슴이 아려오는 것이 분명했다. 모든 애비들이 다 그럴 것이다. 얼마 전 부산외국어대 신입생 수련회 때 건물 붕괴로 자식을 잃은 부모의 심경은 어땠을까?

꼭 십년 전, 역주행으로 내려오던 트럭에 받혀 반신불수가 될 고비를 넘긴 사고를 겪으면서 몸이 수용할 수 있는 극한의 통점을 겪었다. 고통 안에는 무겁고 날카로운 것도 있었으며, 언어의 한계로 표현 할 수 없는 다채로운 통증의 증상들이 있었다. 그러나 세월이 가면 언제 그랬느냐는 듯이 고통도 사라지고 그때 얻은 교훈도 희미해졌다. 적어도 나 자신의 몸에 대한 기억은 그랬다. 자식이 죽으면 부모는 자기 가슴에 묻는 다는 것이 어떤 것일까? 시간이 흘러도 지상에서 없어진 자식과 비슷한 또래가 지나가면 가슴이 아려오고, 비슷한 옷차림만 봐도 가슴이 조여 오며, 자식이 좋아했던 음식을 입에도 댈 수 없는 '한'이 못처럼 가슴에 박혀 순간순간 폐와 심장을 찌르는 고통일게다.

이산가족, 디아스포라의 아픔도 자식을 잃은 아픔보다 작지 않을 것이다. 생사를 알 수 없이 반세기 이상을 기다리는 부모는 이제 몇 분 남지 않았다. 위안부의 고통을 몸으로 기억하고 있는 할머니들도 이제 몇 분 남지 않았다. 일본은 이들이 다 사망하여 자신들이 저지른 흔적이 없어지기를 기다리고 있을 것이다. 역사 교육이란 행복과 불행, 고통과 환희의 사건들을 당대가 죽더라도 후손들이 잊지 않고 기억하라고 전해 주는 것이며, 그 모든 것을 교훈으로 삼아 강건하게 살도록 하려는 것이다.

비틀즈의 리더였던 존 레논의 이메진(imagine)이라는 노래에는 국경이 없다면 전쟁도 없을 것이며 모든 사람들이 서로 사랑하며 평화롭게 하루하루에 충실하며 살아갈 것이라는 말이 있다. 모든 아픔은 결국 탐욕에서 비롯된다. 돈을 떼먹으려고 날림 공사를 하고, 권력 확장을 위해 전쟁을 하고, 성욕을 증강하기 위해 곰발바닥을 먹는다. 자신은 순간의 쾌락과 지저분한 돈을 챙길지 모르지만, 그로 인해 수많은 자식들이 죽고, 여성들이 인권을 유린당하고, 국민들이 도탄에 빠지게 된다.

독재자나 못된 정치인들이 어느 순간 권력 밖으로 밀려나게 되면 권력이란 무상한 것이라고 말하는 비겁한 변명에 대해 소시민들은 위축된 부러움을 가지면서, 한편 그들과는 다르게 도덕적으로 살아온 것에 대한 자긍심을 가치로 삼아 살아간다. 하지만 여전히 그런 욕망에 사로잡힌 사람들은 지금도 정당 사무실 근처와 정선의 카지노 근처를 떠나지 못하고 있다.

소수의 불량한 욕망자들로 인해 얼마나 많은 선량한 가족과 사람들이 앞으로도 고통 속에서 살아가게 될지 아랑곳 하지 않는 세상이지만 그래도 희망이 있는 것은 국민 다수가 하루에 충실하고 있다는 것이다. 위정자와 부요한 자들의 국민에 대한 감정이 자식에 대한 부모의 감정과 유사하기를 기대하는 욕망이 국민의 감정이라는 점을 선거철 즈음에 정치하겠다고 나서는 선량들은 유념해야 한다.

천당과 지옥

최근까지 지하철에서 '예수천당 불신지옥'이란 문구를 등 뒤에 대자보로 매달고 승객 틈바구니를 비집고 돌아다니며 외치는 사람들이 있었다. 천당과 지옥은 피안의 세계에 실재하는 것이 아니라 각자 처해진 상황에 따라 마음속에 있는 것이라는 신심을 놓치지 않고 살아온 것은 나름의 이성과 약간의 과학적 지식을 갖고 있기 때문이었다. 그러나 일제 강점기 초등학교밖에 다니지 못하신 구순의 모친은 분명하고 확실하게 천당과 지옥의 실재를 한없이 믿고 계신다. 유럽 중세기에는 국민 대다수가 문맹인 탓에 교회는 그림으로 교리교육을 시켰다. 고딕 노트르담 성당 서쪽 출입문 위의 팀파눔에 오가는 사람들이 볼 수 있도록 최후의 심판 부조를 설치했다. 과학과 철학으로 무장된 현대 고등지식을 가진 국민들 대다수는 천당과 지옥이란 개념일 뿐이며 실재하는 것이 아니라고 생각한다. 전통적이며 보수적인 신심을 가진 사람들만이 의심 없이 천당과 지옥의 실재를 믿는다. 천당과 지옥은 마음속에 있는 것이라고 생각해야만 이성적이며 도시적인 고등 지식인처럼 보인다.

심판은 하느님께서 하신다고 하지만 이번 세월호 참사를 목도

한 국민들은 분명히 지옥의 나락에 떨어져야 할 인간들이 누구인지를 식별하고 있다. 이 순간만이라도 천당과 지옥이 고상한 개념이 아니라 분명히 실재하며, 설사 실재하지 않을지라도 꼭 있다고 믿어야 국민의 한 사람으로서 심리적 보상과 위로를 받을 수 있다고 생각할 것이다. 전쟁이 일어나도 삼백여 명이 사망하기란 결코 쉬운 일이 아니다. 대한민국이라는 나라를 구성하고 있는 실체는 국민 한 사람 한 사람이다. 이 국민들 가운데 '세월호' 선장과 그 일당들도 들어있다. 청해진이라는 해양회사와 세월호 선장과 같은 의식을 갖고 있는 기업과 국민들이 대한민국 구성원 중에 0.001%라도 있는 한 이런 어처구니없는 인재 사고는 도처에서 발생할 수 있는 것이다. 이런 사람들은 나름 자신은 최선을 다했다고 변명한다. 일제강점기와 동란을 치룬 직후, 급격한 산업화 속에서 한동안 '일단 나부터 살고 보자, 일단 내 자식부터 챙기자, 일단 나부터 출세하고 봐야 한다'라는 야만적인 개인주의, 가족 이기주의가 팽배하면서 부패와 부정을 행하는 것조차 능력이 있는 행위로 치부했던 시기가 있었다. 급격한 산업화 정책으로 국민들은 공공성과 질서, 공동선, 의협심과 같은 덕목을 배우고 훈련받을 기회가 충분하지 못했고, 남을 위해 헌신하는 것은 그저 무능하고 착한 사람들의 한심한 행동이라는 사회적 분위기가 만연했던 적도 있었다. 최소 나와 내 가족만은 살아남아야 한다는 약육강식의 동물적 본능만이 자신을 구원했고, 오직 믿고 기댈 것이라고는 돈과 빽뿐이었기 때문에 고등고시에 합격해야만 했고 승진을 해야만 했고 국회의원에 당선되어야만 했고 구멍가게라도 일단 사장이 되어야만 했다.

최근 교육부의 대학 평가로 인해 많은 대학들이 특성화교육을 추진한다며 실시하고 있는 항목이 사회봉사이다. 먹고 살만해졌기 때문에 이제서야 이웃을 돌아 볼 수 있는 여유가 생겨서 하게 되는 자기만족의 사회봉사일지라도, 또 하기 싫지만 사회봉사를 필수 학점으로 지정받아 의무로 행하는 봉사일지라도 아무 행위도 하지 않는 것보다는 이러한 체험들을 통해 예기치 못했던 보람을 얻게 되는 경우가 적지 않다. 본능적인 측은지심으로 인한 것이든 의무 때문이든 사회봉사를 통해 스스로 사회적 책무감을 갖게 되고 고양시키게 된다. 이 참사가 어떤 특정한 사람들만의 잘못과 책임만은 아닐 것이지만, 생때같은 자식을 잃은 부모들은 아무런 죄 없이 지금 이 시간에도 지옥의 한가운데 있다. 저주에 가까운 소리로 들리겠지만, 정작 지옥에 가야 할 인간들은 죽어서라도 세월호 침몰로 자식을 잃은 부모들이 받고 있는 고통의 몇 만 배의 고통을 겪어야 할 지옥에 꼭 갈 것임을 믿어 의심하지 않으려고 한다. 하느님은 모두에게 자비하시지만 그 자비를 다양한 방법을 통해 베푸신다고 믿는다. 하느님께서 이 나쁜 족속들에게 이런 방식으로 자비를 베푸실 것이라는 것을 믿지 않는다면 대다수의 선민들은 아무런 소망도 없이 여생을 살게 될까봐 하는 말이다. 세월호 선장과 그 일당들은 자기 자식들에게 자신이 살기 위해 남을 해하라고 말하지는 않았을지 모르나 애비로서 자신들이 솔선하여 자식에게 그렇게 살라고 행동으로 가르친 꼴이 되었다. 지옥은 있어야 한다.

전공, 직업, 특기, 취미, 봉사의 경계

도시에는 도로와 인도 사이에 인도보다는 살짝 높고 차도보다는 한참 높은 폭이 좁은 경계 벽돌이 설치되어 있다. 세상의 모든 어린이들이 대개 그러하듯이 그 경계 벽돌 위를 밟고 안 떨어지려고 양팔로 균형을 잡으며 걸어가는 놀이를 한다. 도로도 아니고 인도도 아닌 경계선상에서 서로 누가 안 떨어지고 멀리 걸어갈 수 있는지 내기를 하곤 한다. 혼자 걸어갈 때도 그런 놀이를 하면서 간다. 독일어로 아이(kind)는 남성(der)도 아니고 여성(die)도 아닌 중성(das) 관사를 사용한다. 어린이는 남성과 여성의 경계선상에 있는 셈이다. 오래 전, 영국에서 생활할 때 엄마와 인도를 같이 걷던 유치원 아이가 양팔을 벌리고 뒤뚱거리면서 경계 벽돌 위를 걷는 모습을 뒤에서 본 적이 있다. 아이가 경계 벽돌 위를 걷는 동안 엄마는 하지 말라고 말리지 않고 아이가 균형을 못 잡고 한 쪽 발이 인도에 닿을 때도 그냥 두었다. 그러나 한쪽 발이 차도에 닿는 순간 엄마가 아이의 손등을 세차게 때리는 광경을 목격했다. 혼을 낼 거라면 엄마는 처음부터 아이가 벽돌 위를 걷지 못하도록 할 것이지 왜 저

럴까 생각했다. 경계 벽돌 위를 걷는 것은 불법이 아닌데다 벽돌이 어린이의 몸무게 정도는 버틸 수 있고, 그것이 자식에게는 놀이이 며 즐거움이기에 엄마는 방관하는 듯했다. 그러나 차도에 발이 닿는 것은 다른 문제였다. 차도에 발이 닿는 순간 혼을 낸 것은 최소한 의 안전 규칙을 어긴 것에 대한 벌이었고 그러한 교육을 자식에게 해야 할 엄마의 의무이며, 아이가 차도에 발을 디딘 것에 대한 책임을 일깨운 것이었다.

　이렇게 양육된 어린이가 훗날 그 나라의 안전을 책임지게 되는 것이다. 대한민국은 어떠한가. 대중식당에서 펄펄 끓는 냄비를 중앙에 두고 이 테이블 저 테이블 뛰어다니며 노는 아이들에게 손님들이 불안해서 못 하게 말리면 아이의 부모는 도리어 화를 낸다. 내 자식을 왜 당신이 나무라며 왜 내 자식 기를 죽이냐는 것이다. 이보다 조금도 나을 것 없는 어떤 부모는 천방지축 뛰며 돌아다니는 아이를 붙잡아 훈육할 생각은 고사하고, 끓는 냄비의 위험조차 아랑곳 하지 않은 채 "얘야, 손님들 식사 방해하지 말고 가만히 있어라"라며 앉은 자리에서 아이한테 눈길조차 돌리지 않으면서 혼잣말 하듯 한다. 아이들은 세상천지가 제 세상이며 내키는 대로 행동을 한다. 그 아이가 자라서 대한민국의 군인이 되고 안전을 담당하는 것이다. 최근 세월호 참사에 이어 서울 지하철 사건이 또 터졌다. 국가는 비행기를 포함하여 모든 영역에 안전 점검을 하겠다고 나섰다. 안전에 대한 의식 없이 성장한 사람들이 치리하는 안전행정과 그 실행에 대한 결과는 오직 정부에서 제공한 안전 체크 리스트에 형식적으로 점검하는 것 밖에 다른 무엇을 기대할 수 있을까 싶다.

선진국 국민들은 은퇴 후 취미생활을 즐긴다. 노후의 취미생활이란 독서, 음악 감상 같이 은퇴 전에도 일상으로 해오던 생활이 아니다. 예를 들어 해군 경력이 있다면 그 경력을 살려 살고 있는 지역에서 해양 구조대원으로 활약하는 것이 곧 취미생활이다. 이러한 취미생활이 공공서비스로 고양되어 모든 국민들의 존경과 신뢰를 받게 되는 것이다. 그래서인지 어린이들은 경찰관과 소방관 직업을 선호하고 실제로 국민들로부터 이러한 직업이 신뢰를 받는다. 우리는 자신의 취미와 특기가 무엇인지도 모른 채 취미와 특기가 무엇인지 질문하는 곳에 무언가라도 적어 넣어야만 했다. 특기를 취미로 하여 사회에 봉사할 마음을 갖기도 전에, 내 특기가 무엇인지 취미가 무엇인지 알아내고 개발하여 거기에 흥미를 붙일 틈새 없이 오직 입시준비에만 매달려 왔다.

현대 사회는 헤아릴 수 없을 만큼의 다양한 전공과 직업이 있고 과거에 화려했던 직업이 사멸해 가고 처음 들어보는 새로운 직업이 탄생하고 있다. 그러나 자신의 전공을 살려 평생 직업으로 삼아 일하다가 은퇴한 후에도 그것을 활용하여 사회에 봉사하려는 계획은 전무한 것이 교육의 현주소이기도 하다. 직업과 특기, 특기와 취미, 취미와 봉사의 경계는 없을수록 좋은 것이다.

교황

Pope(Pontifex maximus)을 누가 한자로 教皇(교황)으로 번역했는지 알 수 없지만 아시아 한자 문화권에서는 오늘날까지 가톨릭 로마주교에 대한 호칭으로 이 단어를 사용하고 있다. 이 단어는 '교회의 황제'라는 뜻이나 여기에서 교회란 전 세계에 흩어져 있는 로마 가톨릭교회에 한정한다. 즉 로마 가톨릭교회의 수장이라는 의미이다. 교황의 시작은 예수께서 12사도 중의 하나였던 제자 베드로에게 천국의 열쇠를 준 성서구절에 따라 전 세계 모든 교회의 시작이 베드로를 제1대 로마주교로부터 시작함을 천명한 것이다. 현재 프란시스코 교황은 아르헨티나 출신인 266대 로마주교이며 교황이다.

교회사를 보면 교회(교황)와 국가(황제)의 권력투쟁의 역사는 길다. 필리핀의 마르코스가 대통령으로 독재 장기 집권했을 때 90% 이상 가톨릭 신자였던 필리핀 국민들은 대통령의 말을 무시하고 추기경의 말을 따랐던 적이 있다. 박해를 받아 지하무덤에서 숨어 예배드리던 초대교인들이 지상에 교회 건물을 갖게 된 것은 313

년 콘스탄티누스 황제의 덕이다.

그 후 기독교는 로마 황제에게 이에 대한 보답을 해야 했으며 이때부터 교회의 어용의 역사가 시작된다. 당시 많은 학파들이 수십 년 동안 수차례의 교리논쟁에도 불구하고 신조를 완성하지 못했을 때 결국 로마황제의 신학적 입장을 반영하여 완성된 것이 니케아 콘스탄티노플 신조이다. 그러나 교회는 황제의 길을 따르는 것이 아니라 예수 그리스도의 길을 따라야 하는 것이다. 국가의 지도자들이 불의하고 이들이 기득권자의 편에 서서 약자를 능욕한다면 교회는 예언자적 사명을 다해야 한다. 그래야 국민들로부터 교회가 신임을 받고 목회자들이 존경을 받게 되는 것이다. 교회와 목회자들이 물질주의와 확장주의의 유혹을 떨치지 못한 채 정의구현보다는 기복주의에 빠져들게 되면 그런 교회는 구원받지 못한다.

최근 몇 대형 교회 목회자들이 목사직을 세습하고 수천억을 들여 교회를 신축한 소식을 들을 때 시민들은 그런 교회와 목회자를 신임하고 존경할 리 없다. 거룩해야 할 교회, 주님께 영광을 드려야 할 교회가 세속적으로 타락하고 내부 분열을 일으키는 행위는 예수 그리스도를 모욕하는 짓이다. 가톨릭교회라고 모두 건강한 것은 아니다. 사제들의 성추행 문제부터 가톨릭이라는 거대 조직이 많은 내부 비리들을 숨기고 있을 것이라고 시민들은 추측한다.

이즈음 프란시스코 교황이 방한하여 몇 군데를 방문하셨다. 광화문은 민주화의 공간적 상징이며 소통의 상징이다. 순교터는 초대교회의 불굴의 신앙을 상징한다. 방문하는 사회복지기관은 가난하고 소외된 자들의 상징일 수 있다. 세 곳의 서로 다른 장소는 교회가 지상에서 무엇을 해야 하는 가시적 기구인지를 상징적으로 보여준다. 그리고 교황의 본명(신명)이 프란체스코인 것은 청빈을 상징하기도 한다. 권위 타파와 청빈과 영성은 성직자가 갖추어야 할 기본적인 덕목인데 이분은 적어도 이런 점에서 모든 목회자들의 귀감이 된다.

보수적인 개신교회는 가톨릭을 이단이라고 하고, 상대적으로 가톨릭교회도 개신교회를 교회로 인정하려고 하지 않는다. 이러한 교파 싸움이 인류의 영성을 더 풍성히 하고 보람된 삶을 영위하는 데 어떤 도움이 될까? 지방선거도 끝났다. 세월호 사건이 있었음에도 불구하고 여권이 압승하였다. 이것은 국민들이 단순히 진보를 싫어하고 보수를 지지한 결과라고 생각하지는 않는다. 정치이념 논쟁에서 진보든 보수든 자승자박한 끈을 스스로 풀어 서로를 포용하고 자유롭지 못한 채, 모두 그 자리에서 권력투쟁만 하고 있다. 진정한 진보, 보수는 공공에 대한 불의나 개인, 특정집단의 욕심을 챙기려는 것이 아니라면 서로의 다름을 상호 인정하는 것이다. 정치, 신앙, 일상의 관습 모두 그래야 한다. 다퉈서 챙길 수 있는 사사로운 것도 분명히 있겠지만, 공공을 위해 더 큰 것을 지향하며 함께 행복한 삶을 영위하기 위해서는 서로의 다름을 인정하고 포용하는 것이다. 교황은 이를 위해 몸으로 솔선하고 있는 듯 보인다. 우리는 누구와 무엇을 위해 남을 비난하고 대립하는지 자성해야 한다.

살맛

1990년 초엽에 '산다는 건 좋은 거지...' 라는 가사를 가진 노래가 유행한 적이 있었다. 그 시절 정말 살만해서 이 노래가 유행했던 것인지, 아니면 살기 힘든 세상에 희망을 주는 노래라서 유행했던 것인지는 그 당시의 시대정황에 대해 특별히 떠오르는 것이 없어 알 수 없다. 여러 가지 이유로 인해 죽지 못해 살고 있다고 말하는 사람들은 어느 곳이든 어느 시절이든 언제나 있었다. 그렇다면 지금은 살만한 세상인가?

경제, 사업, 건강, 인간관계, 진학, 취업 등의 다양한 문제들로 인해 고통받고 있는 사람들도 언제나 있었다. 모든 정치인들은 선거철만 되면 민생문제를 해결하여 살기 좋은 세상을 만들겠다고 장담해왔다. 정치인들 덕분에 과거보다 더 살기 좋은 세상이 되었다고 생각하는 국민들이 다수라면 그것은 분명히 좋은 정치인들이 많은 좋은 나라이다. 한동안 별 탈 없이 지낸 탓에 국민들의 행복지수가 그만그만하다가 느닷없이 '세월호', '임 병장'과 같은 굵직한 사건이 연속 터지면 국민들은 제일 먼저 정부와 정치인들을 비난하고 불신한다. 백 가지를 잘해도 한 가지를 잘못하면 모든 것이 허사로 돌아가는 것이라서 이런 사건이 터지면 선한 정치인들의 속도 타들어간다. 국민들은 성토해야 할 대상이 필요한데 비판의 대상이 되는 것도 정치인이다.

정치인들은 이런 비난들이 싫고 또 정치계 내부의 지저분함 때문에 이런 질곡에서 속히 나와야겠다고 하면서도 선거에 또 도전한다. 정치인으로서 민생문제를 풀어가고 개선해가는 보람이 가장 큰 것이어야 함에도 불구하고, 다수의 정치인들은 그보다는 무언가를 조종할 수 있으며 이해관계가 있는 많은 사람들이 자신 앞에서 허리 굽히는 권력의 맛을 더 즐기는 듯싶다. 특히 후진국일수록 이런 현상은 두드러진다. 국민들의 교육 수준은 높아졌는데 정치 수준이 이를 따르지 못하는 국가라면 이렇게 만든 국민들의 책임도 크다. 이런 점에서 대한민국은 여전히 개발도상국이다.

살아가는 방법은 사람마다 다양하다. 게으르고 유산이 많은 사람은 놀고먹으며 살 수 있을 것이고, 배운 것 없고 재산마저 없으면 하루벌이 막노동을 하면서 살아가야만 한다. 아내가 경제활동을 하고 남편이 육아와 살림을 맡아서 살아가는 가정도 늘고 있다. 삼대가 함께 살아가는 집안이 있는가 하면 독신으로 살아가는 사람들이 늘고 있다. 한 집에서 살면서 시어머니는 절에 가는데 며느리는 교회로 가는 가정도 있다. 자유 민주국가에서 어떻게 살아가느냐 하는 것은 본인이 선택하는 것이다. 그러나 사회구조와 제도로 인해 발생하는 취업문제와 불의의 사고는 종종 본인의 의사와 무관하게 자신과 가족을 괴롭히고 불행하게 한다.

필자가 어릴 적, 홍콩배우 성룡은 저급한 액션 배우이며 심지어 문맹자라는 소문까지 있었다. 그 진위 여부를 떠나 그가 고학력자가 아닌 것을 알 수 있었다. 수년 전, 그가 자신이 번 재산의 상당부분을 사회에 환원할 때 기자들은 자식에게 유산을 물려줄 수도 있는데 왜 거액을 기부하느냐고 질문했다. 성룡은 그때 "내 자식이 똑똑하고 유능하다면 내 재산이 필요 없을 것이고, 내 자식이 무능하다면 그 재산을 다 탕진할 것이다"라고 답하는 것을 TV에서 본 기억이 있다. 마치 도사와 같은 성룡의 지혜를 국내의 어느 정치인, 재벌, 교수로부터 들을 수 있을까? 크게 배운 것 없는 성룡은 자신이 살아가는 방법을 인생 경험을 통해 그렇게 선택한 것이다.

이런 이야기는 듣기만 해도 살맛이 난다. "알몸으로 태어나서 옷 한 벌은 건지지 않았느냐"라는 노래 가사는 당시 온 국민을 살맛나게 했다. 옷 한 벌이라도 건진 것에 자족할 수 있도록 서로 사랑하고 용기를 주고 돕는 세상은 국민 개개인이 선택할 일이지만 이렇게 살아갈 수 있도록 제도와 분위기를 형성해 주는 것은 국가와 정치인들, 기업인들, 교육자들이 해야 할 몫이다. 대한민국에서 이런 어처구니없는 사건들이 두 번 다시 발생하지 않고, 살맛나게 만들어 줄 수 있기를 국민 모두가 기대하고 있지 않을까 싶다.

지름길

　매일 새벽에 집 뒷산을 오르며 그날의 일정과 날씨, 몸 상태에 따라 목적지와 등산 코스(동선)를 정한다. 등산화를 신으면서 정하지만 사실 가는 도중에도 몇 차례 목적지와 코스가 변경되는 것이 다반사이다.

　교과과정에 비유한다면 자기 주도형 학습설계와 유사하지만 매번 변경되는 것이 문제다. 한 번도 걸어 본 적이 없는 길부터 시작해서 알 수 없는 길까지 포함하면 아무리 작은 산이라도 정상에 오르는 코스는 헤아릴 수 없이 많다. 목적지는 꼭 정상일 필요는 없다. 그날의 몸 상태와 기분에 따라 정하게 되는 목적지와 코스는 대체로 많이 다녀 본 길을 택하게 된다.

　그러나 출발 전에 대충 정한 목적지를 향해 가다가 느닷없이 중도에 하산하는 경우는 대체로 자신의 의지박약에서 기인한다. 갑자기 등산이 귀찮아져서 하산할 때는 출발할 때와 다르게 지름길을 찾는다. 휴일 등산은 그래도 여유로워 지름길을 두고 먼 둘레길을 선택한다. 지름길은 대체로 일반 등산로보다는 길이 험하다. 더 짧은 지름길을 만들려면 낫을 들고 풀숲을 잘라가며 길을 내고 여러 차례 다녀야 길 모양새가 나온다. 여름엔 한순간에 풀이 길을 덮어 전에 만들었던 길을 분간하기 어렵다. 그러나 일반 등산로는 가파른 구역도 있지만 대체로 무난하다.

　인생을 뒤돌아보며 몇 살 즈음에 삶의 목표를 정했는지 생각해 본다. 어릴 적엔 대개 어떤 직업을 택해 어느 위치까지 오를 것인지가 인생의 목표점이 된다. 판사가 되고 싶어 하는 중·고등 학생이 로스쿨을 가서 대법원장이 될 꿈을 꾼다고 하자. 그러나 이런 학생들이 모두 로스쿨에 진학하는 것은 아니다.

　학업성적과 성장하면서 변화하거나 늦게 찾게 된 자신의 특기와 취향, 그리고 직업을 통해 사회와 이웃에 대한 헌신의 보람, 급여 등등의 이유로 중도에 꿈을 접고 변경하는 경우가 대부분이다. 법관이란 직업을 원하는 학생들만 이런 것이 아니다. 열심히 공부하여 일차 등반 목표점인 판사직까지는 올라 왔으나 자의반 타의반, 그리고 자신의 다른 욕망이 판사직을 접고 정치의 길로 나서게 하는 경우도 있을 수 있다. 그리고 정치인이 되어 그 세계에서 살아남아 더 큰 욕망으로 대통령에 도전한다. 일차 목표점은 판사였고 여기까지 오르는 코스에는 시간을 단축할 검정고시 외에는 별다른 지름길이 없다. 그러나 판사로 등반을 한 후 자신이 원하는 지역으로의 발령과 승진에는 100% 일반 등산로와 같지는 않을 것이다.

　모든 직업에 실력으로만 하는 선의의 공정한 경쟁만이 있다고 할 수 없다. 순환발령일지라도 운과 학연과 출신지역, 인맥이 작용할 것이며 이를 토대로 삼아 더 빨리 다음 목표점에 도달하기 위해 지름길을 선택하는 사람들도 있다. 그 지름길은 대단히 위험하며 대체로 정당한 길이 아닌 경우가 많다. 이런 것까지 포함하여 실력이라고 여기는 사람들이 있다. 빚을 내어 부도내고 도망가서 안 잡히는 것도 실력이라고 여기는 세상이기 때문이다. 이렇게 이차 목표점에 올라온 사람은 그 맛과 방법을 터득했기 때문에 그 다음 목표점을 향해 더 험하고 짜릿한 지름길을 만들어 간다.

이 길을 내는데 당연히 유혹하고 도움을 주는 측근들이 있다. 이런 지름길을 통해 정상에 오른 사람들은 일반 등산로를 통해 산을 오를 때 종종 경험하는 감동스런 주변 풍광을 보지 못하고 덤불숲에 저 혼자만이 갈 수 있는 좁은 길을 내느라 덤불 밖에 보지 못한다. 주변의 아름다운 풍광을 보존하기 위해 길을 보존하고 가꾸지만 지름길을 내려는 사람에게 주변 덤불과 나무는 모조리 잘라내야만 할 장애물일 뿐이다. 이렇게 출세한 사람에게 책임감을 운운하는 것 자체가 모순이다. 재수 좋으면 안 걸리고, 걸려도 빠져 나올 구멍과 인맥을 총동원한다. 이것이 실력이라고 굳게 믿고 있기 때문이다.

세월호, 판교 환풍기 등 무엇 하나 자신의 책임이라고 나서는 이 하나 없이 자신이 잘났다고 우기는 실력자들이 판치고 있는 대한민국이다. 이들은 평생 지름길만 내왔던 사람들이다. 세월호 사태 해결 촉구를 위해 팽목항에서 중도에 변경함도 없이 20여 일을 도보로 지름길조차 모르고 대로를 행진해 광화문에 도착한 이들이 있다. 참 실력이 없고 멍청한 사람들이다.

특이한 정책

　태초 우주에 주인이 있었다면 그 주인은 조물주(하나님) 오직 한 분이었을 것이다. 옛날 시골 땅은 무허가 건물에 맹지가 많았다. 옆집 안마당을 통해 건너 집을 다녔고 누구 소유인지 모를 논두렁길을 따라 구석에 있는 자기 논에 벼를 심고 추수를 했다. 그 누구도 내 길이라며 길을 막지 않았고 만약 그런 사태를 일으킨 자가 있다면 그것은 외지 사람이 땅을 사서 인심 고약한 행세를 한 경우에 해당하였다.

　지난 달 이화여대 정문 앞에 작은 컨테이너 하나가 들어섰다. 소유주는 한걸음도 물러설 생각이 없다고 한다. 작은 부지 소유권을 주장하면서, 사실 여부를 모르겠으나 이화여대 측에 평당 1억 원을 요구했다고 한다. 법적인 문제를 떠나서 소위 '알박기' 하듯이 시세의 몇 배나 되는 거액의 큰돈을 요구하고 나선 것처럼 보인다.

　지금도 대한민국은 도시개발 때문에 어떤 사람은 한순간 졸부가 되고, 어떤 사람은 한순간 거리에 나앉기도 한다. 운이 좋아 수용되지 않은 개발지역 주변에 있는 땅은 개발 덕분에 부지 가격이

상승하게 된다. 대한민국은 농사를 지을 수 있는 평지보다 산이 많은 지세이고 예부터 농업 국가이었기 때문에 토지를 확보해야 하는 것은 필수적인 요소였다. 인구에 비해 작은 유효한 한정된 땅에 대한 수요가 많았기 때문에 땅값은 골동품과 같아서 지니고 있으면 조금씩 가격이 상승할 수밖에 없었다.

무엇보다 거주해야 할 집은 중요했고 집은 땅과 함께 자손에게 상속할 수 있는 으뜸 품목이었다. 또 집 없이 죽는 것은 객사하는 것이라는 문화도 작용했다. 이런 까닭에 국민들은 땅과 집에 대한 소유 집착이 매우 강할 수밖에 없었다. 최근 지방 도시를 중심으로 아파트 가격 상승은 주춤했지만 수도권의 천정부지 전세 값 상승에도 불구하고 수도권 밀집으로 인해 전세대란을 겪고 있다.

일정 수입이 있는 소수 젊은이들은 주택구입을 포기하고 고급 외제차를 구입하기도 한다. 주택구입 비용으로 이십여 년을 빚에 쪼들려 살기보다는 세를 살면서 삶을 즐기는 쪽을 택한다. 결혼은 하되 천문학적인 양육비 때문에 자녀를 낳지 않고 취미생활이나 문화 여가 생활을 즐기겠다는 풍조가 만연하다. 자신이 누려야 할 삶에 자녀는 장애가 된다고 생각한다.

대한민국은 피부처럼 몸과 함께 다니는 옷과 자동차를 통해 주변 사람들이 그 사람의 부를 가름하는 문화의 나라이다. 개발도상 과정에서 세습된 가난을 탈피하여 졸부가 되어 저급한 문화를 향유하는 것을 부러워했던 세대들이 자연스럽게 갖게 된 허영을 자식 세대가 대물림을 받고 있다. 주소지가 강남구가 아니면 좋은 혼처를 만나기 어렵다는 것은 헛소문이 아닌 현실이다. 과거 농민들에게 땅은 조상 대대로 농사짓고 자식을 양육하고 자신이 묻혔던 고귀하고 신성한 생명의 땅이었다. 이 생명의 땅이 조금씩 죽음의 땅으로 진행이 된지는 꽤 되었다. 4대강 살리기가 전 국토의 실핏줄 같은 강마저 죽이기 시작했고, 옥토에는 폐수가 스며들고 갯벌은 기름으로 만신창이가 되었다.

농민과 어부들은 아우성치지만 도시민들은 실감하지 않는다. 부동산 소유자들은 부동산 가격뿐만 아니라 전셋값이 천정부지로 치솟기만 기다린다. 대학을 졸업하고 나서도 취업을 위해 수년간 재수를 하여 결혼 연령은 30대로 올라가고 있다. 이들이 어느 세월에 무슨 수로 집을 장만하고 반듯한 집 전세 한 칸을 구할 수 있을까. 그나마 구하기 쉽고 가격도 적절하며 도시적인 오피스텔에 월세로 입주하고, 아직은 장만할 형편이 아님에도 고급 자동차, 의복 등을 할부로 구입한다. 자동차도 중고 외제차를 선호한다.

어차피 로또에 당첨되지 않는 한 월급으로 작은 아파트 한 채 마련하고 아이 하나 낳아 키우는 것은 평생 노예처럼 일만하다가 죽으라는 계산만 나오는데 어느 젊은이가 결혼하여 애를 낳으려고 할까. 급기야 정부인지 어느 기관에서는 출산장려를 위해 싱글족에게 세금을 부과하고 신혼부부에게는 집을 마련해 준다는 선심성 정책들이 국민들의 비웃음만 사고 있다. 모두 위장결혼하면 집 한 채 생길까?

인생 동선과 추념

　보름 전, 91세 부친께서 갑작스럽게 찾아온 뇌경색으로 응급실과 중환자실을 거쳐 일반 병실에 정착하셨다. 온 가족이 서울이라는 대도시에서 거주하지만 자주 찾아뵙지 못하는 불효를 전화로 노부모의 안부를 탐색하는 것으로 대신했던 터라 자식들은 적잖이 놀라 한밤에 응급실로 달려갔다. 노부모 두 분만 살고 계신 탓에 자식들은 점점 노쇠해 가시는 것을 걱정을 하면서도 선뜻 더 안전하게 모실 대책을 강구하지 못하고 있던 중에 일이 난 것이다. 자식들의 경제적 형편이 모두 그다지 좋은 편이 아니라서 모든 형제들의 속내는 부친의 병세에 대한 관심보다는 병원비와 이후 형제들이 노부모께 각기 부담해야 할 의무가 초 관심사였던 것은 말할 나위가 없다.

　일생 교직에 계시다가 교장으로 은퇴하신 직후부터 거의 30여 년 동안 연금이 없는 탓에 자식들이 모아서 드리는 돈으로 지금까지 생활하고 계신 형편이니 자식들은 특히 부친에 대한 애증 같은 원망이 있었다. 분명한 것은 어떤 고생을 하면서 컸든 모두 불효자식들인 것이다.

퇴직 당시 일시불로 받아 노름빚을 청산하셨으니 재직 중에도 가족의 고생은 클 수밖에 없었다. 지금 연금을 수령하고 계신다면 부모에 대한 자식들의 태도와 노부모의 형편도 많이 달라졌을 것이다. 그 당시 부친은 좋은 직업을 갖고 일생 당신만을 위해 사셨던 분이신데 이제는 병상의 노인으로 젊은 날의 자존심도 찾아볼 수 없게 되었고 옆에 간병인이 있음에도 불구하고 의지할 늙은 아내만 찾고 계신다.

이런 남편을 평생 원수처럼 여기며 사셨던 노모는 미운 정 고운 정 때문인지 부친께 냉랭한 자식들을 섭섭해 하신다. 퇴원하시면 요양병원으로 모실 것인지, 그러면 노모는 또 어떻게 할 것인지… 자식들은 아직 일어나지 않은 일을 염려하며 머리를 맞대지만 형제들 중 그 누구도 선뜻 방책을 제안하지 않는다.

말을 안 할 뿐이지 이 세상에 이런 집이 어디 한두 집이겠는가. 오히려 자식들이 버젓이 있는 집은 불효가 문제일 뿐이다. 돌이켜 보면 그 사람이 어떤 직업을 가졌고, 어떤 대단한 일을 했는지, 이전에 모든 사람들은 나름의 '인생 동선'이 있었던지 이는 결코 간단하지 않다.

부친만 하더라도 1920년대 일제 강점 초기에 충남 서산 부농의 아들로 태어나셔서 상계동 모 병원 병상에 누워계시기까지의 90년 동안 굵직한 사건들을 겪으셨다. 태평양전쟁, 일제 강점기 학창생활, 한국전쟁, 4.19 학생 민주화의거, 5.16 군사 쿠데타, 유신, 광주 민주항쟁…. 이 세대들은 생명의 위협과 굶주림, 억압, 전쟁 등 숱

한 곡절을 겪으시며 돌절구와 맷돌이 있던 석기시대부터 최첨단 디지털 시대까지 사신 분들이다. 그 자식들은 산업화의 역군 세대로서 집 한 칸 마련하고 자식교육을 위해 헌신한 세대이며, 또 그 자식 세대는 배고픔의 참혹함을 체험하지 못하고 자식 번성조차 하려고 하지 않는 최신 세대이다.

손주들은 조부의 지나온 고통의 세월과 인생 여정에 무심하며 조부에 대한 부모의 갈등도 이해하려 하지 않는다. 정신적인 것조차 공유할 수 없는 자식 세대와 더불어 삼대가 한 가정을 이루며 사는 것은 정말 놀라운 일임에 틀림이 없다. 그러나 손주들도 나름 짧지만 '인생 동선'이 있으며 앞으로 긴 세월 움직여야 할 동선을 계획하고 있으나 세상은 뜻대로 되지 않는다는 것을 깨닫기까지 한참 더 걸어야만 한다. 후에 자식들이 성장하여 늙은 부모의 동선을 기억하며 추념할지 확신할 수 없는 시대가 되었다. 한걸음 한걸음이 연결되어 인생 동선을 이루며 목적한 방향으로 순조롭게 진행되는 동선은 편하지만 별 의미가 없다. 이 동선 안에는 추념할 역사가 없기 때문이다.

그렇다고 '인생 동선'에 고생이 쌓여야만 의미가 있다는 뜻은 아니다. 농경문화에서 사셨던 옛 선조들은 태어난 곳과 죽는 곳이 같거나 수십 년이 지나도 그 거리가 그다지 멀지 않았다. 그러나 현대인들은 태어난 곳과 죽는 곳의 장소성도 다르고 그 거리도 측량할 수 없다. 그 삶의 동선을 연결해 보면 아무리 불효자식일지라도 부모에 대한 추념거리는 있을 수밖에 없다.

집착과 무관심

'사랑한다는 것', 유행가에 붙이기에 아주 적절한 제목이다. 사랑한다는 것은 가장 유치하고 치열하며, 가장 고결하면서도 치사하고, 가장 비겁하면서도 또 비열하지만 반면에 베풀고 헌신하며, 용기 있는 행동으로써 세상 모든 것을 끌어안을 수 있는 단어들을 모두 내포하고 있는 말이기도 하다. 이 말은 예수조차도 고린도전서 13장에서 사랑을 완벽하게 정의했다고 할 수 없을 만큼 정의를 내리기가 간단치 않은 말임에 틀림없다.

중세 교부였던 어거스틴은 '악을 일컬어 선의 결핍'이라고 정의한 바 있다. 악의 반대가 선이라고 정의한 것이 아니라 특이하게도 '결핍'이라고 한 것이다. 이 수사가 별 것 아닌 듯이 보이나 이러한 수사들이 축적되어 중세철학을 발전시켰다. 어거스틴의 수사방식에 따라 '이기심을 사랑의 결핍'이라고 정의해 본다면 무언가를 사랑하면서 산다는 것은 이기심을 최소화하며 사는 것이라고 할 수 있다.

자기중심으로 세상을 바라보면서 주변에 사건이 발생하면 자신에게 유리하게 해석하고 자기 멋대로 행동하며 말을 하는 사람은 세상이 자신을 위해 있는 듯이 착각하기 때문에 본인의 영육은 편할지 모른다. 그러나 아무도 그를 사랑하려고 하지 않을 것이다. 자기중심적이며 이기적인 것은 인간의 본성일 수 있다. 타고난 품성에 따라 어느 정도 차이는 있겠지만 이것은 교육과 체험을 통한 자기성찰로 어느 정도 수정될 수 있다고 본다. 그러나 그 반대로 지나치게 이타적인 사람들도 있다. 가족과 가정을 등한시하면서까지 사회봉사를 하거나 무언가에 지나치게 집착하는 증상을 지닌 사람들이다. 한 사람이 지니고 있는 이기심과 이타심의 속성이 어느 사건에 대해 상호 조화 없이 극단적으로 나타나는 현상은 그 사람의 가족과 이웃을 힘들게 한다. 무언가를 지나치게 사랑하는 것은 그것이 공공을 위한 것이라고 할지라도 문제를 일으킬 수 있는 것이다.

한편 무관심은 대상과 사건, 상황에 따라 조금씩 다르게 나타난다. 무관심도 이기심의 한 부분이다. 관심을 보임으로써 자신이 얻게 될 것이 커질 것이라고 계산이 되면 그 사항에 관해 적극적일 것이며, 얻는 것보다 잃는 것이 커 보이거나 관심을 보임으로써 오히려 자신이 불편해질 것 같다면 그 사항을 피하는 한 방법으로써 무관심을 택할 수 있는 것이다.

핵가족에서 자녀 한둘로 성장한 새내기들 대부분은 부모 세대가 겪었던 고생을 모르며 자기중심적으로 성장하였다. 부모 세대들의 눈에는 젊은이들이 공공장소에서 애정행위를 하고, 예의바르지 않고, 남의 말에는 귀를 닫고 유아독존처럼 자신의 주장만 하며 그 주장이 관철이 안 되면 온갖 수단과 방법을 동원하는 존재로만 보인다. 그러나 신세대들에게도 나름의 행동방식이 분명히 있는데 기성세대들은 이것에 관해 관심을 보임으로써 얻어질 것이 없다고 판단하고 긴 세월 무관심해 왔다고 할 수 있다. 그렇게 살다가 어느 날 느닷없이 이들의 행동과 언행이 거슬리게 된 것이다. 무관심은 또 하나의 '계산된 비겁한 사랑의 결핍'이라고 할 수 있다.

새 학기가 시작되어 새내기들이 대학 캠퍼스를 이리저리 뛰어다니고 있다. 올해 이 새내기들에게 권하고 싶은 말은 '무언가를 사랑하면서 대학생활을 하라'는 말이다. 사랑한다는 것에는 그 대상에 대한 정열과 집착과 아낌이 표피적으로 가장 강하게 나타나며 또 그 만큼의 절망과 배신도 따라올 수 있겠지만, 무언가를 사랑하면서 산다는 것이 대학생활에서 시간 낭비로 치부되지 않았으면 한다. 긴 세월 부모들이 자식들에게 해왔던 지나친 집착과 간섭, 혹은 무관심으로 인해, 대학에 입학하면서 갑자기 천방지축으로 살아가는 듯이 보일 젊은이들을 주체적 성인으로 존중하며 신뢰로 대해야 한다. 그러면 청년들의 행동과 언행에도 분명히 변화가 올 것이라고 확신한다.

성공의 기준

성공에 대한 생각과 기준은 다분히 주관적이지만 세간의 적절치 못한 평가도 있다. 장관이 되어 성공한 사람이라고 할지라도 가정이 평탄하지 못한 사람이라면 세상 사람들은 그 사람의 한쪽 만 보고 성공한 사람이라고 판단하는 것이다. 도둑이 목표물을 정해놓고 도둑질에 성공했다면 도둑으로서는 성공이겠지만 아무리 악인일지라도 자신이 도둑질을 한 것에 대해 행복한 보람을 느낄 도둑은 없을 것이다.

성취와 보람이 비례한다고 할 수는 없다. 성취했어도 정작 자신이 보람을 느끼지 못한다면 남들이 성공했다고 말해 줄지라도 자신은 만족스럽지 못한 것이다. 일생을 살아가면서 한 단계 한 단계 목표를 세우고 하나씩 성취해왔다면 그 인생은 성공한 것이며 남들도 그렇게 인정할 것이다. 그러나 사람이 일생동안 몇 번 목표를 세우고 그중에서 몇 단계를 성취할 수 있을까? 성공회대학교 입학을 목표로 삼아 공부하여 합격한 학생은 그 단계에서는 성공을 했다고 생각할 것이며 남들도 그렇게 생각할 것이다. 한 사람의 나이가 오육십 즈음이나 되어야 세상 사람들은 그 사람이 성공을 한 사람인지에 대해 조심스럽게 말할 수 있을 뿐이다.

또 성공에는 건강, 수입, 지위, 명예, 가정, 수명, 봉사 등등 수많은 것들뿐만 아니라 그가 한 일에 대한 사회적 가치와 공동선, 감성적 보람까지 복합적으로 얽혀있기도 하다. 지능지수란 수리, 기억, 공간, 창의, 어휘 등 각 부분의 점수를 합하여 평균을 낸 값이다. 이 항목들 중에서 겉으로 드러나기에는 기억력 항목이 으뜸이고 또 암기과목이 대부분이었던 교육과정에서 다수 이런 사람이 공부도 잘할 수밖에 없었기 때문에 기억력이 빼어난 사람을 일컬어 머리가 좋은 사람이라고 해왔다. 대한민국에서의 성공은 여전히 관료적 권력과 밀착되어 있다. 따라서 공부를 잘하는(기억력이 좋은) 학생들은 대개 법대를 진학하여 판검사가 되거나 고급관료가 되어 출세가도를 달렸고. 세상은 이런 사람들을 성공한 사람이라고 평가해 왔다.

이제 시대가 변하였다. 공부뿐만 아니라 어느 일정한 영역에서 자신이 하고 싶고 잘할 수 있는 분야를 찾아 목표를 세워 하나씩 성취해가다 보면 어느 사이 세상 사람들이 인정해 주는 전문가가 되어 성공한 사람이 되는 세상이 되었다. 작은 보폭으로 조금씩 한 단계 한 단계 오를 때 보람도 그만큼 비례하고 사회에 대한 공헌도 동반 비례할 수 있는 것이 성공의 첫 단추를 끼우는 것이다. 복권 당첨으로 일확천금의 꿈을 실현하게 될지라도 당첨자의 가정과 사회에 대한 공헌도에 따라 사람들은 성공여부를 판단해 줄 것이다. 세계적인 천재였던 아인슈타인도 구두끈을 묶을 때마다 어떻게 매면 예쁘게 보일 수 있는지만 생각했다는 말이 있다.

지금 하려고 하는 일, 혹은 하는 일에 최선을 다하며 동시에 내 가정과 주변을 돌아보고 성찰하면서 달리는 길이야말로 성공가도를 향한 유일한 길이다. 훗날 나 자신이 갖게 되는 보람과 세간의 평가, 이 두 곡선이 조우한 점이 높을수록 성공한 사람이라고 할 터인데 실제로 세상에 완전하고 전인적인 성공은 없는 것이다. 공동이익과 선을 배제한 채 이기주의와 출세주의로 어떻게 하면 성공할까를 생각하는 사람은 남을 눌러 이겨야한다는 생각만 차있는 이미 실패한 사람인 것이다.

마지막 말은 여자가 한다

　해마다 이즈음이면 두어 쌍의 선남선녀 결혼 주례 청탁이 들어온다. 결혼 당일 선약된 것이 없고, 아주 불편한 사람이 아니라면 굳이 거절하지 않는다. 오죽하면 필자에게까지 왔을까 하는 생각 때문이다. 주례사는 그동안 해왔던 두어 개의 기본 원고를 바탕으로 그 커플에 적절하게 수정 보완하여 길면 5분 정도의 양으로 준비한다. 그 내용은 일반 주례사와 크게 다르지 않다. 약간의 차별성이 있다면 종교가 기독교인 경우에는 하느님 말씀을 곁들이고, 종교에 관계없이 "마지막 말은 여자가 한다"라는 간단한 영국 속담 하나를 들려주는 것이다. 누가 주례사를 귀담아듣겠냐만 신부 측 부모는 주례사 중에 대체로 이 말만 기억하고 아주 흡족해 한다. 당연히 신랑 측 부모는 좋아할 리 없지만 시대가 시대인지라 애써 수긍하는 표정이다. 영국 어느 지역, 어느 시대의 속담인지, 실제로 영국에 이런 속담이 있는지조차 확인한 바 없으나 아주 오래 전에 가까운 어른한테 귀동냥했던 말이 각인되어 인용하고 있다.
　필자는 이제 결혼 33주년을 맞이했다. 예수 생애 기간이니 결혼에 대해 한 소리 할 만큼은 된 것 같다. 신세대 부부는 남편이 아내에게 집안 경제를 모두 위임하거나 어느 정도 나누고 각자 수입을 챙기는 경우도 있다고 한다. 80세 이상 세대는 젊은 시절 대부분 남편이 가정의 수입과 지출을 쥐고 있었고, 60대부터는 아내에게 위임하고 남편이 아내에게 용돈을 받는 가정이 점차 늘어나기 시작했다. 과거에 집이나 토지를 매매할 때는 집안의 남자 어른이 독단적으로 처리했으나 지금은 남편의 의견을 참고해 주는 정도에서 아내가 결정한다. 마지막 말은 여자가 함으로써 아내가 갑이고 남편은 을이 되는 셈이다. 아침식사를 남편 혼자 차려 먹고 출근하는 가정도 늘어나고 있다. 긴 세월 동안 여성들은 돈벌이는 물론 온갖 살림과 허드렛일, 자녀 양육까지 도맡아하는 것을 숙명으로 여기며 살아왔다. 섬이나 어촌에서는 남자들이 위험한 어선을 타는 만큼 여자들의 일은 가중되었다. 이제 겨우 성평등이 조금씩 개선되고 있다. 앞으로 남편들은 출산만 제외하고 과거 아내들이 해왔던 모든 일들을 해야 할지 모른다. 남성들은 이제 이런 변화를 숙명으로 받아들여야 한다. 그렇지 않으면 가장 먼저 가정의 평화가 무너질 공산이 크다. 성서에도 현세를 부요하게 누리는 이들에게 네가 받을 상은 이미 받았다고 하지 않았던가.

시대 흐름을 탓하는 것이 아니라 돌이켜 역사를 보면 여성들은 정말 모질게 고생만 해왔다. 그 고생 속에서 남편에게 폭행까지 당하고 죽은 듯이 일생을 살았던 아내들도 많다는 것을 남성들은 기억해야 한다. 과거에는 소수 부자 양반집에서만 광 열쇠를 안주인이 갖고 있었고, 여성들은 '일부다처' 문화에서 질투조차 금기시된 삶을 살았다. 대한민국은 서양 선교사들이 가지고 들어온 기독교 문화가 조심스럽게 변혁을 시도하면서 여기까지 오게 된 것이다. 여전히 성추행과 희롱, 폭력이 난무하는 대한민국에서, 가정에서 조차 여성이 가질 권리가 과거로 회귀된다면 어느 여성이 결혼하려고 할까? 출산이 적어 국가 문제로 대두되고 있고, 학령인구 감소는 정부가 대학구조 개혁을 하는 제일 큰 명분이다. 결국 건강하고 화평한 가정을 이루고 국가 경제도, 대학도 살릴 수 있는 근원지는 여성이며, 여성들은 과거와 현세의 보상을 지금부터 시작하여 최소한 남성 우월 역사가 흘러온 기간만큼은 받아야 마땅하지 않을까 싶다.

"마지막 말은 여자가 한다"라는 말은 결국 아내가 모든 것을 결정한다는 영국인들의 생활 속담이고 또 이 말이 분명 문제가 없지는 않지만 남편들이 조용해야 집안이 평안해진다는 표현이기도 하다. 올해 남성들은 작년보다 더 웅크리고 내년에는 한층 더 움츠리게 될 것이다. 자책하거나 자존감을 지키려하기 전에 오랜 기간 여성들이 그렇게 살아왔다는 것을 상기하면 남성들의 신세도 조금씩 회복될 것이라고 믿는다.

가(家), 자(者)

2015년 5월 11일 피카소(알제의 여인들, 1955억 원), 뭉크(절규, 1307억 원), 자코메티(포인팅 맨, 1540억 원)가 부활하여 뉴욕 록펠러 센터로 돌아왔다면 아마 자신의 작품 한 점의 경매 낙찰 가격에 쇼크를 받고 곧 바로 다시 승천했을지 모른다. 피카소의 작품은 그의 생전에도 엄청난 고가였지만, 그 밖의 대다수 화가들은 생전에 그림 한 점 제대로 팔지 못한 채 가난에서 헤어 나오지 못했다. 비교할 수 있는 장르는 아니지만 베토벤의 악보가 피카소 작품가격 만큼 될 수 있는 날이 올까? 클래식 음악가와는 다르게 대중음악으로 대성한 사람들 중에는 기업을 만들어 음원, 저작료 등으로 해마다 수 억 원, 수십 억 원의 수입을 올리는 경우도 있다. 그러나 미술가들은 생전에 아무리 작품의 호(1호가 엽서크기)당 가격이 높다고 할지라도 그렇게 천문학적인 수익을 올리는 작가는 거의 없다. 가끔 게임, 만화영화, 만화작가들이 상당 수입을 올리고 있다는 이야기도 듣지만 대중음악가들 만큼의 수입은 아닌 것이 분명하다.

한편 음악처럼 미술도 대중미술과 클래식 미술로 구분할 수는 있겠지만 클래식 음악이든 대중음악이든 피카소와 같이 수입을 올릴 수 있는 음악가는 퍽 드물다는 것이다. 요즘 상당수 청소년들의 꿈은 연예인이나 대중음악 가수가 되는 것이라고 한다. 적어도 여기에는 대중적 인기와 고액의 수입, 겉으로 보기에 화려한 생활이 동반되기 때문이다.

십여 년 전 목사가 되고 싶다는 대학생들이 부쩍 증가한 때가 있었다. 국내에서 목회자로 성공한다는 것은 최소 만 명 교인이 출석하는 대형 교회를 만든다는 것이며, 그렇게 되면 종교권력을 갖고 연예인처럼 억대 연봉을 받을 수 있다는 것 때문이었다. 그러나 최근 목회자 양성 신학대학원 진학률이 급감했다고 한다. 직업 선호도가 수년마다 급변하는 것은 허영심을 충족시켜 줄 수 있는 욕망이 직업 선호도에 작용하고 있다고 할 수 있다.

가까운 일본만 해도 오사카 뒷골목 공장에서 노벨상 수상자가 나오고, 집안 몇 대를 거쳐 가내 수공업을 세습하고 있는 것을 볼 수 있다. 최근에는 4대째 내려오는 가내공업가가 현대 기술과 접목하여 그만의 독특한 상품으로 선풍을 일으키고 있다고 한다. 한국의 일부 대기업과 대형 교회에서 자식에게 당회장을 세습하여 사회에 큰 물의를 일으키고 있는 것과는 아주 대조적이다. 정작 세습해야 할 것은 안 하고, 해서는 안 될 것만 세습하고 있는 대한민국이다. 지금 일본의 젊은 세대들도 변화를 겪고 있겠지만 그 장인정신은 여전히 자손들에게 DNA로 전승되고 있다.

예술은 그 기질과 창조성의 혈통이 강하기 때문에 가(家)를 사용했고 성직은 대체로 1대에서 머물렀기 때문에 자(者)를 사용해 왔다고 할 수 있다. 예술로는 먹고 살기 어려워 자식들에게 그 업을 더 이상 잇게 하지 않고, 성직은 교인 수까지 인수 받아 세습을 하는 세상이 되었으니 조만간 예술자(者), 성직가(家)로 바꿔야 할 날 도 멀지 않은 것 같다. 지금은 '고시'가 되었지만 과거에는 '선생'질' 을 한다고 교직을 비하한 적도 있었다. 양반들이 정해 놓은 업의 귀 천에 따라 뒷자리에 어미를 하나씩 붙였는데 시장 잡'배', 장사'꾼' 처럼 지금은 과거 천하게 여겼던 직업들이 오히려 큰 인기를 누리 고 있다. 1960-70년대 호황을 누리던 직종은 사라지고 상상도 못 했던 새로운 직종들이 나타나고 있다. 일본은 장인정신을 계승하면 서 동시에 급변하는 시대 변화에 적절하게 대응하고 있는데 비해, 한국은 자신의 직업에 대한 만족도와 사명감, 보람의 지수가 낮아 자식에게 그 업을 전수하려 하지 않고 자식도 그 대를 이으려 하지 않는다. 정부가 직업 창출에 천문학적인 경비를 지출하기 이전에, 대를 이어 장인을 양성할 가내공업을 지원하여 가(家)의 인프라 구 축을 통해 기초가 튼튼한 국가 발전을 꾀해야 한다.

선진국이 된다는 것

사람과 동물을 포함한 모든 사물들은 태어나고 생산되는 순간부터 기득권자들과 생산자들에 의해 평가를 받는다. 물건인 경우에 그 평가 항목은 외형, 크기와 비례, 색깔, 재질, 내구성, 유용성, 장소에 적절함에 이르기까지 다양하다. 이렇게 다양한 항목들을 종합하여 그 사물에 대한 가치를 결정하게 된다. 평가의 기준은 객관적인 척도에 주관적 취향이 가미된다. 책상의 경우, 공산품은 다양하여 취사선택할 수 있으나 특별히 주문제작 된 것은 그 가격이 기성품의 몇 배 혹은 수십 배가 된다. 여기에는 장인의 예술적 가치가 포함되기 때문이다.

부모가 바라는 대로 태어나는 자식은 드물다. 그래서 많은 부모들은 자녀들을 맞춤형으로 양육하려고 한다. 유치원 선택부터 성형과 배우자 선택에 이르기까지 부모의 주문 제작은 계속된다. 사춘기를 지난 후에는 부모와 자식 간의 견해가 충돌하여 종종 부모가 계획한 디자인에 차질을 빚기도 한다. 자녀의 배우자를 선택할 때, 그 평가 항목은 상류층일수록 많으며 판단도 까다롭다. 집안, 학벌,

재산, 직업, 효심, 외모, 장래성, 인격, 태어날 자녀의 지능까지 예측하여 판단하려고 한다. 사람도 가치에 대한 평가를 받는 하나의 사물이 되고 말았다.

수년 전부터 교육부가 대학을 평가하고 있는데 그 항목도 다양하다. 교육부의 정량 척도에 심사자들의 주관이 가미된 정성평가가 합쳐진 종합점수가 낮은 순서대로 정부의 재정지원 제한과 입학정원 감축 등의 불이익을 당하게 된다. 법조계는 사법고시 출신이 로스쿨 출신보다 우수하다고 평가한다. 일반적으로 S대 출신들이 여타 대학 출신들보다 더 높은 평가를 받는다. 시험은 평가를 위해 만들어진 장치이다. 시험이 객관적인 가치판단의 잣대가 된 세상에서 점수 한 가지로 사람에게 물건만도 못한 평가를 한다. 높은 시험 점수를 받는다는 것에도 많은 평가 항목들이 있지만 대부분의 사람들은 이것이 그 사람의 장래를 보장해 줄 것이라고 기대한다. 그러나 높은 점수를 받아 출세한 사람들이 일반 시민들에 비해 더 불효하고 더 이기적이며 공공성이 희박한 경우도 많이 본다. 그렇다고 사람과 사물에 대한 가치판단을 멈출 수 없는 것이 현실이다. 최근 몇몇 대기업에서 지원자들의 학력과 출신을 가린 채 면접을 하고 있다는 것은 기업과 국가 발전을 위해 고무적이다.

사람은 누구나 아침에 눈을 뜨는 순간부터 중대사를 포함하여 하루에도 몇 번씩 판단과 결정을 하면서 살아간다. 높은 시험 점수로 고위직까지 오른 사람들은 점심식사 메뉴 선택이나 부동산 매매에 대한 판단과 결정은 매뉴얼 없이도 능숙하게 처리하면서 그 범위만 넘어서면 우왕좌왕해 왔다. 세월호 사건으로 수백 명의 생명을 잃고 정경유착으로 국민들에게 분노를 심었으며, 메르스 사태가 시작됐을 때도 위기에 대한 정부의 발 빠른 대책 부재로 인해 온 국민들은 공포심으로 외출조차 삼갔다. 사물, 대학, 기업, 사람에 이르기까지 가치판단을 할 상세한 항목과 매뉴얼은 매년 갱신해 발표하면서 정작 국민 생명을 위협하는 것들에 대한 판단과 매뉴얼은 구닥다리이거나 아예 없거나 제작 자체를 뒷전으로 미룬 결과이다. 생명에 관련된 사안은 무엇보다 우선하여 세세하게 준비된 매뉴얼이 있어야만 사태가 발생한 현장에서 즉시 대응할 수 있다는 것을 모를 정부가 아니다.

선진국이란 높은 국민소득, 자랑할 만한 찬란한 역사와 문화에 앞서서 정부와 국민 모두가 매사에 공정하고 정당한 가치평가를 하며 쇄신하는 나라를 의미한다. 사람과 사물, 기업, 대학에 대해서는 가차 없이 비교하여 평가점수를 발표하면서 왜 국민의 생명과 안전에 관련된 것에는 여전히 미개한지 모를 일이다. 전염병의 숙주 바이러스 자체를 인재라고 할 수 없지만 전염병이 확산되어 가는 것은 인재라고 할 수 있다. 이번 사태로 고귀한 생명의 상실은 물론이고, 한국의 위신과 함께 외국 여행객을 포함하여 국내의 모든 경제 순환이 급강하고 있다. 설상가상 가뭄까지 겹쳐 시름이 깊어 가지만 국민들은 순교자 같은 마음과 자세로 메르스 치료를 위해 헌신하고 있는 의료진들에 대한 가치를 높이 평가하고 있다.

해방과 칠석

    헤르만 헤세는 '9월'이라는 시에서 여름이 마지막 길을 향해 몸 서리치며 그의 고달픈 눈을 감는다고 노래했다. 그러나 기후 변화로 인해 한국의 여름의 끝은 더 이상 8월이 아니다. 나흘 전에는 일제 강점 하에서의 광복 독립 70주년을 맞았고, 내일은 견우와 직녀가 만나는 '칠석'이다. 칠석은 정확히는 모르겠으나 408년 광개토대왕 때부터 내려오는 전설이라고 하니 그 시원은 아마 중국일 것이고 약 1,600주년 정도 될 것 같다.

    이 설화는 이 계절에 두 별이 은하수를 가운데 두고 매우 가까워지는 현상을 보고 만든 이야기라고 전해진다. 직녀는 천제(한울님)의 손녀인데 길쌈을 매우 잘했다. 천제가 이를 예쁘게 여겨 은하수 건너편의 목동 견우와 혼인을 맺어 주었는데 이들 부부가 일도 않고 신혼의 달콤함에 빠져 있자 천제가 노하여 이들 사이에 은하수를 가운데 두고 다시 떨어져 살게 했다. 그리고 한해에 칠월칠석날 하루만 함께 지내도록 했다. 그러나 은하수 때문에 칠월칠석날도 서로 만나지 못하게 되자 까막까치들이 이를 딱하게 여겨 머리를 이어 다리를 놓아 주었다. 이날 오는 비는 그들이 너무 기뻐서 흘리는 눈물이며 그 이튿날 아침에 오는 비는 이별의 눈물이라고 전한다. 견우와 직녀는 천제의 노여움을 사서 1년에 단 하룻밤 해방과 만남의 기쁨을 맛보지만 다시 떨어져 은하수를 사이에 두고 속박의 장소로 간다. 흡사 남북 이산가족 상봉을 연상시킨다.

이렇게 국토가 두 개로 나뉜 한은 온전한 해방이라고 할 수 없다. 8월에 여름이 눈을 감으면 당연히 와야 할 가을이 기후변화로 인해 10월에도 오지 못하는 것처럼, 8월에 해방을 맞고 9월에 당연히 왔어야 할 통일은 견우와 직녀 사이에 은하수가 가로막듯이 만만가지 이유로 언제 올지 기약할 수도 없다.

얼마 전 이희호 여사가 방북하여 여러 기관을 방문했다. 남북관계에 영향력 있는 분들의 행보는 과거부터 있어왔지만 국민들이 기대하는 만큼의 결과는 얻지 못했다. 고 정주영회장과 고 노무현 전 대통령의 햇빛정책 등을 통해 한동안 경색되었던 남북관계가 진전되는 듯했으나 얼마가지 못해 금강산관광이 중지되고 개성공단이 문을 닫고 말았다. 천안함, 연평도 사태로 국지전까지 발생하고 안타깝게 젊은 군인들이 생명을 잃었다. 통일을 저해하는 많은 은하수들이 다시 짙어지는 이즈음 이희호 여사의 방북은 개인의 관광방문이 아니라 칠석날 까마귀처럼 남북에 다리를 놓을 의도였다고 생각한다.

그러나 이러한 행보와 관계없이 또다시 지난주에는 파주 비무장지대(DMZ)에서 북측의 목함지뢰 도발사건으로 인해 두 명의 군인이 크게 부상을 당하면서 남북관계는 완전 냉각되고 말았다. 예측할 수 없는 사태들로 인해 통일에 관한 그 어떤 주장과 이론들도 대부분 공허한 주장이 되고 말았지만 그래도 통일에 대한 희망을 잃어서는 안 된다. 형제 중에 더 부요한 자가 측은지심으로 가난한 형제에게 다가가는 것이 당연하다. 설사 그 형제가 터무니없이 떼를 쓰고 행패를 부린다고 해서 버려서는 안 되는 것이다. 앞으로 시간이 흐를수록 한국동란을 직접 겪은 남북 이산가족 수는 일본군 위안부 할머니 수처럼 점점 줄어들게 된다.

얼마 전에 초등학교 자녀를 둔 교수가 일일교사로 자녀 학교를 방문하여 1950년 6월 25일 발발한 한국동란 이야기를 하는 중에 한 학생이 "와, 대박! 선생님이 날짜도 기억한다"라고 외치는 소리를 들으며 그럴 수도 있겠다는 생각이 들었다고 한다. 최근 정부와 기업이 한국사 교육을 강조하고 있다. 그러나 더 중요한 것은 어떤 시각과 비판의식으로 역사를 교육할 것인가이다. 제2차 세계대전을 도발했던 독일과 일본 두 나라의 현격한 역사 인식 차이가 그 사례이다. 여전히 한국사 교과서 채택 문제로 진보와 보수 학자 간의 대립이 있지만, 우리 국가는 세계정세 속에서 남북통일과 북한에 대한 시각을 정확하게 짚어 대책을 강구할 인재를 양성해야 한다. 여전히 짙은 은하수가 남북을 가로막고 있고 이 둘 사이를 이을 까마귀들은 예전만큼 나타나지 않는 시대이다.

카우보이

아리조나주가 미국 어디에 위치해 있는지 지도를 살펴보았지만 한국과 어떤 인연이 있는지는 찾지 못했다. 오래전 인디언들이 집단 거주하던 곳이고 멕시코와 가까워 혼혈인들이 많이 거주하는 지역이라고 한다. "카우보이 아리조나 카우보이, 광야를 달려가는 아리조나 카우보이, 말채찍을 말아들고 역마차는 달려간다. 저 멀리 인디언의 북소리 들려오면, 고개 넘어 주막집에 아가씨가 그리워, 달려라 역마야 아리조나 카우보이 카우보이." 초등학교 시절 들었던 필자의 기억에 남은 노래가사이다. 1960년대 중학교 시절, 클린트 이스트우드와 같은 총잡이 마초들이 서로 배신하는 결속 단체인 '석양의 무법자'들을 상상하며 의협심을 키웠고 또 그런 분위기가 당시 한국의 청소년 문화이었던 것 같다.

요즘 청소년들의 우상은 당연히 K-Pop 스타들이겠지만 필자의 청소년 시절에는 특별한 우상이 없었고 성장하여 되고 싶은 직업도 많지 않았다. 도대체 아리조나 카우보이와 내가 무슨 상관이 있기에 동네 어귀에서 아이들과 어울려 이 노래를 흥겹게 부르며 돌아다녔는지 지금도 알 수가 없다. 아마도 어린 마음에 무질서하고 폭력이 난무하는 마을에서 악당을 물리치고 평화의 마을로, 질서 있는 마을로 정착시키는 역할에 반해서 그랬을지도 모른다. 생각해 보면 '석양의 무법자'들도 법을 무시하고 거칠게 행동하는 사람들이었다. 위 노랫말을 보면 그런 무법자들에게도 로맨틱한 낭만이 있어서 심신을 충전시켰던 것 같다.

이런 점은 마도로스도 유사했다. 카우보이의 상징이 총이었다면 마도로스들에게는 담배 파이프가 있다. 몇 달을 망망대해에서 보내고 상륙하면 제일 먼저 찾았던 곳이 선술집이었다고 하니 강한 마초들도 모두 이성에 대한 외로움 앞에서는 별 수 없었나 보다. 역대 국가 원수들이나 대기업 회장들의 여성 염문도 이와 비슷한 것 같다. 큰 권력과 부로 못할 것 없겠지만 유난히 이성문제가 입소문을 타는 것은 정점에서의 외로움 때문일 수도 있을 것이라고 추측해 본다.

지난 8월 25일 새벽 전쟁 촉발을 목전에 두고 남북 대표 네 명이 43시간 동안의 진통을 겪은 회의 끝에 합의문을 채택하면서 전쟁 촉발의 긴장 상태를 완화시켰다. 이것은 득과 실을 떠나서 남북 간의 몇 가지 현안에 관해 한 획을 그은 역사적 사건이라고 할 수 있다. 남북 고위 회담자들이 서로 참지 못하고 카우보이처럼 행동했다면 남북 모두 불구가 되었을 것이다. 돌이켜 보면 전쟁과 테러는 참전하는 군인과 그 가족만의 상처가 아니라 온 국민이 참혹한 상황에 빠지게 되는 죽음의 길이다. 과거 유럽인들이 아메리카 인디언들과 아프리카인들을 살육하고, 독일 나치가 유태인들을 살육하고, 일본군들이 한국인들과 중국인들을 살육했던 것을 그저 지나간 과거의 사건으로만 치부하기 십상인 것은 지금은 모두가 온전하기 때문인지도 모른다. 그 시대로 돌아가 내 가족이 살육당한 것을 또렷이 목도한 사람이 지금도 살아있다면 과연 용서라는 것이 쉽게 가능할까.

북에서 월남한 실향민들과 또 남한에 정착한 탈북인들의 공산당에 대한 증오는 65년이 흐른 지금에도 여전히 남아있다. 다함께 통일을 염원하면서도 어느 쪽에서든 무력 통일을 바라지 않는 것은 과거의 깊은 상처와 통일 후에 예상되는 것들에 대한 우려 때문일 것이다. 대한민국의 대통령이 중국 전승기념일에 참석한 것은 과거 중국과의 적대 관계를 청산하고 동북아 힘의 균형과 경제발전을 도모하기 위한 표현이라고 한다면, 미국과 일본 그리고 북한의 심기가 그다지 편할 수만은 없었을 것이다. 정부는 외교적, 군사적 전략으로 결단한 것이라고 생각한다. 중국이 영원히 패권주의를 지향하지 않겠다고 선언한 것은 카우보이가 세력을 넓혀 가듯 하지 않겠다는 것이다.

긴 세월 힘이 센 카우보이들의 틈바구니에서 헤쳐 나온 대한민국은 어느 틈에 카우보이 대열에 끼기 시작했다. 여전히 미숙하고 아직은 역량이 부족한 소심한 카우보이지만 나중에라도 강대국 카우보이들이 해왔던 길은 따라가지 않았으면 한다. 낭만도 있고, 어려운 이웃 국가들과 함께 말방울 울리며 주막을 향해 달려가는 그런 카우보이가 되었으면 하는 바람이다.

기억과 기념, 지금과 미래

10월은 다른 달에 비해 기억하고 기념해야 할 날들이 많다. 국군의 날, 개천절, 한글날, 추석 등. 사람마다 기념하는 날도 다양하다. 생일, 결혼기념일, 제삿날, 사고가 난 날, 집을 구입한 날, 종교(기독교)를 갖고 있는 사람이라면 성인축일과 예수의 수난에 대한 성찬예식, 그 밖에 입대한 날, 제대한 날, 퇴원한 날 등등. 사건마다 의미를 부여하여 기념하고자 한다면 1년 365일 그리고 하루 안에도 몇 가지 기념할 일들을 만들어 낼 수 있을 것이다.

기념을 하는 것은 과거에 일어났던 사건을 잊지 않기 위함이다. 과거의 사건들은 국가나 종족, 집단, 개인마다 그 중요도가 다르며 이에 따라 기념하는 의식도 주관자도 다르다. 광복은 국가, 민족, 집단, 개인 모두가 공유하는 기쁜 기억이지만 결혼은 당사자가 행복할 수도 불행할 수도 있는 추억을 토대로 기념한다. 따라서 광복절 기념행사는 국가가 주관하고, 결혼기념은 개인이 한다. 지나간 사건이 내 기억에 없다는 것은 망각증이 있지 않은 한 중요하지 않은 사건이며 기억에 없는 사건을 기념한다는 것은 허구라고 할 수 있다. 한 세대가 태어나기 전에 있었던 과거의 역사적인 사건을 기억할 수는 없다. 하지만 위 세대로부터 내려오는 기념을 통해 과거의 사건이 재생되어 현 세대는 지금의 사건인 듯이 추체험을 하게 되는 것이다.

기념은 과거를 현재화하는 힘이 있다. 또 기념하는 사건을 통해 지금을 성찰하고 교훈을 주는 기능을 한다. 해가 거듭되는 만큼 기념이 반복되면 이것이 전통이 되어 개인 혹은 집단에 정체성과 가치관을 부여하게 된다. 기념하는 것에는 좋았거나 나빴던 사건, 행복했거나 불행했던 사건 모든 것이 해당될 수 있다. 도둑질로 수감생활을 하다가 교도소에서 출소한 날을 기념하며 다시는 나쁜 짓을 하지 않겠다고 반성하는 사람이 있는가 하면, 그 기념을 통해 다시는 실수하지 않고 다음에는 도둑질을 더 잘해봐야겠다고 다짐하는 못된 사람도 있을 수 있다.

국가는 광복절 기념을 성대하게 하지만 국권침탈을 당한 날을 기념하지 않는다. 오히려 불행했고 처참했던 날도 기념하면서 새로운 각성을 할 수 있을 텐데 말이다. 독일은 자신들이 저질렀던 홀로코스트를 기념하면서 아우슈비츠 유대인 감호소와 학살 현장을 보존하여 역사교육의 장으로 활용하고 있다. 특정일에 기념식을 하는 것보다 전시관을 통한 기념은 상시 기념이라고 할 수 있다. 일본은 우리의 광복절을 종전기념일로 지키며 신사참배를 한다. 전쟁에 참여할 수 있도록 법적으로 장치를 바꾸려고 하고 있다. 이들이 전쟁을 기념하는 까닭은 독일과는 정 반대이다. 전 세계의 야유와 비난에도 불구하고 이들은 떳떳하다고 변명한다. 자국을 보호하고 지키려는 본능에 대해 그 누가 뭐라 할 이유가 없다. 그러나 전쟁을 도발했던 전범국가가 식민지 약탈과 온갖 만행을 저지른 과거 사건들을 망각하고 다시 전쟁에 참여하겠다고 법을 바꾸려는 것은 극악한 살인범이 반성은커녕 실패 없이 더 큰 살인을 계획하는 것과 다르지 않다. 국제 정치, 군사, 경제 문제가 단순하지 않게 국가 간의 이익으로 얽혀있다는 것을 모르는 바 아니다. 하지만 최소한 전범 국가로서 지켜야 할 기본 도덕성을 버리고 있는 것은 과거에 자신들이 했던 짓 자체를 모두 지워버리겠다는 전범국가의 뻔뻔하기 짝이 없는 의도이다.

기념 혹은 기념식을 한다는 것은 시간과 돈을 들여 행사를 하기 위한 의식이 아니다. 기념을 통해 과거가 현재가 되며, 이를 통해 반추할 미래가 다시 현재가 되는 소중한 종교의례와 같은 의식이다. 국경일에 휴무를 하면서 정부 고위 인사들과 해당자들만 기념식에 참석하고 전국에 이 행사 광경을 방영하지만 이를 눈여겨보는 국민들은 집에 태극기를 게양하는 국민 수보다도 많지는 않을 것이다. 기념식은 전통이 되었지만 시대 변화에 따라 진부해져서 개인 기념행사가 아닌 국가 주관 기념들은 어떤 감흥과 교훈을 과거만큼 주지 못하고 있다. 결국 한국사 교과서에 관한 문제는 정치가 되고 말았다.

토끼와 고양이

　고양이에 관해서는 "고양이에게 생선을 맡긴 꼴이 되고 말았다"라는 말이 있다. 토끼와 관련된 것으로는 '계수나무', '별주부전', '토끼와 거북이' 이야기가 있다. '별주부전'의 토끼는 꾀가 많고 '토끼와 거북이'에 등장하는 토끼는 거북이를 얕보면서도 게으르다.

　사람들 손에 길들여졌어도 여전히 야성을 잃지 않고 사냥할 목표물을 향해 집념을 보이는 고양이와 꾀가 많은 만큼 게으른 토끼가 사람들이 수없이 오가는 서울 시내 아파트 단지 안 어린이 놀이터 주변을 중심으로 함께 먹이를 나누고 살을 비비며 공생하고 있다. 이 모습은 지나는 사람들의 발길과 눈길을 멈추게 한다. 자신들을 해하지 않고 가끔 귀여워해 주며 볼거리를 제공해 주는 값으로 종종 먹이까지 가져다주는 주민들을 고양이와 토끼가 마다할 리 없다. 경계심이 없는 것을 보면 누군가가 애완용으로 키우다가 버린 동물이라는 것을 짐작할 수 있다.

　애완용이었던 토끼는 자연에서 풀을 뜯더라도 장기간 그런 상태로는 생명을 부지하기가 쉽지 않다. 더구나 토끼는 아파트 안에서 짝을 찾을 확률이 거의 없다. 이런 토끼에 비해 고양이는 생존하기에 더 불리한 조건을 갖추고 있다. 토끼의 먹이는 지천에 깔려있지만 고양이는 사냥을 해야만 살 수 있다. 주민들이 눈길을 주고 먹이를 가져오는 것은 고양이와 붙어 있으면서 사람이 다가와도 도망가지 않는 토끼가 신기하기 때문이다. 얼핏 보면 고양이가 토끼를 보살피는 듯이 보이지만 사실은 토끼로 인해 고양이는 먹이까지 덤으로 얻어먹고 있는 셈이다. 실제로 토끼와 고양이가 싸워도 토끼가 결코 약세는 아니다. 아파트 단지 안에서 고양이와 토끼가 각자 혼자 있을 때보다 함께 있는 동안에 주민들의 이목을 받아 다양한 먹이를 받을 수 있고, 해코지 당하지 않는다는 것을 알고 고양이가 토끼 곁을 떠나지 않고 있는 듯이 보인다.

토끼와 고양이는 악어와 악어새처럼 상부상조하는 공생관계도 아니다. 그러나 추운 날 서로 털을 대고 보온하며 잠들 수 있을 것이고, 고양이가 토끼보다는 귀가 밝아 상황에 민첩하게 대처할 수 있다는 이점이 있을 것이다. 그러나 꾀 많은 토끼일지라도 그 두뇌로는 자신이 고양이에게 이용당하고 있다는 생각은 하지 못할 것이다. 토끼도 고양이와 같이 있다고 해서 자신에게 별다른 해가 오지 않는다는 것 정도는 알고 있기에 고양이 곁에 있는 것 같다. 오히려 토끼가 혼자 아파트 단지를 어슬렁거릴 때보다 고양이와 함께 있을 때 주민들의 주목을 떠 끌고 먹이도 풍부해진다는 것을 경험으로 알고 있을지 모른다.

이 둘에 관해 역사를 서술한다면 고양이, 토끼의 개체 역사 그리고 두 개체의 공존의 역사를 다룰 수 있을 것이다. 어디서 어떻게 태어나서 아파트 단지 놀이터까지 오게 되었는지 그리고 이 두 마리가 어떻게 만나게 되었는지, 처음 만나게 된 이후 서로의 경계와 대치, 타협과 공생하기까지의 과정을 기술할 수 있을 것이다. 가상컨대 토끼와 고양이는 서로 종이 달라서 먹이도 다르기 때문에 먹이 문제보다는 일차 비바람을 피할 안전한 보호처 확보를 위해 서로 영역 다툼을 했을 지도 모른다. 그 후 주민이 건네주는 다양한 먹거리를 통해 고양이는 사냥을 서두르지 않아도 되고 토끼도 사람의 음식물을 섭취하게 되면서 자연스럽게 영역 분쟁은 해결되었을 것 같다.

이를 지켜보는 주민들의 시각은 좋은 편, 나쁜 편이 없고, 좌파 종북도 없으며, 우파도 없다. 굳이 편이 있다면 정작 토끼와 고양이의 의견은 아랑곳없이 이들을 방치하자는 입장(진보?)과 주민들과 더불어 사는 재미에 가끔 먹이를 주면서 소극적 보호를 선호하는 주민들(보수?)로 나뉜다.

요즘 한국사 국정교과서 문제를 둘러싸고 시끄럽다. 국민들이 토끼와 고양이처럼 말을 못해서도 아닌데 들어야 할 국민의 의견을 수렴하지 않는 위정자들에게 토끼와 고양이를 보내고 싶은 마음이다.

나눔과 축제

유럽은 11월 초부터 성탄 장식을 하고, 거리에는 캐럴이 울려 퍼지기 시작한다. 기독교 국가들이니 1년 내내 아기 예수 탄생을 기뻐하지 않을 이유는 없을 것이다. 그러나 교회력에 따르면 11월은 아기 예수를 맞이할 마음의 채비를 갖추고 조신하게 살아가야 하는 대림절기가 들어 있는 달이다. 11월의 때 이른 성탄 장식과 캐럴은 상업인들이 거리의 분위기를 조성하여 매출을 올리려는 상술이라 할 수 있다.

정작 기독교인들은 듣도 보도 못한 성인 '발렌타인'의 날(2월14일)에는 상가마다 초콜릿 판매에 열을 올린다. 정작 숙연하게 성인(순교자)을 기념해야 하는 날들이 소비 촉진의 날로, 축제의 날로 바뀌게 된 것에는 기독교 자본주의 사회에서 소수의 천재 같은 상업인들의 술책에서 비롯된 것임을 짐작할 수 있다.

순교자들마저 상업화에 이용당하고 있는 현대 사회에서 이미 이탈된 것들을 모두 제자리에 돌려놓는다는 것은 불가능해졌다. 순교자 성인의 이름을 상업에 이용하는 것을 기독교계에서 명예훼손

죄명으로 바로 잡을 수 있을지는 의문이지만 이름을 욕되게 하지 않는 한 이것도 어려운 일이다. 부모를 살해하여 보험금 사기를 치는 극악무도한자들도 있는 판국에 이 정도는 애교라고 할 수 있다.

과거 한국에도 할로윈데이가 있긴 했지만, 최근 미국 유학생들이 급증하면서 미국식 할로윈 축제가 일본을 강타하고 곧 한국에도 유행할 것으로 보인다. 상업인들이 할로윈 축제를 가만둘 리가 없다. 별의별 기획 상품이 쏟아져 나오고 이것을 구입하여 선물하지 않으면 소위 시대의 흐름을 모르는 자로 낙인찍히게 되어, 있는 애인마저 떠나보내게 되는 일도 발생할지 모른다. 발렌타인데이, 짜장면데이, 빼빼로데이 외에도 앞으로 어떤 축제의 날들이 또 생겨날지 가늠할 수 없다. 최근 서양의 블랙프라이데이에 대응한 K데이를 만들어 국내 백화점은 대거 세일을 진행했다.

과거 기독교는 1년 365일 대부분을 성인 축일로 지정하여 기념 미사를 드렸다. 특히 순교자를 기념하는 축일은 자성하면서 숙연하게 보냈으나 이 중 몇 날은 축제가 되어 통과의례를 했다. 태어나서 죽는 날까지 하루하루가 축제이기를 모든 인류는 소망하지만 정작 그렇게 살라고 하면 지옥이 될 것이다. 땀 흘려 일하고 슬퍼하며 고통 받는 중에 찾아오는 축제, 쓴 약을 먹다가 맛보게 되는 단맛의 환희가 천국인 것이다.

아무리 상술이라고 한다지만 의미도 모른 채 모든 것을 축제로 환원하려고 하는 것은 미래를 생각해서 조심해야 한다. 인위적으로 제정한 축제는 몇 년 지속될 수 있을지 모르나 햇수가 지나면 식상하게 마련이다. 그러면 또 다시 새로운 축제를 만들겠지만 의미를 부여하면서 새로운 축제를 만들어 낸다는 것이 쉬운 일은 아니다. 기독교에서 최고의 축일은 부활절과 크리스마스이다. 적어도 이 두 축일만은 지금 국제 정세로서는 이슬람이 세계를 정복하지 않는 한 지속될 것으로 보인다. 그 밖의 상술로 만든 축제의 수명은 유행을 타겠지만 다문화 글로벌 사회에서 조만간 사월 초파일을 포함하여 불교, 힌두교, 이슬람의 축일들이 상술로 인해 축제가 될지 모른다.

왜 한국에서는 유독 기독교 축일이 축제가 될까. 불교의 대축일인 사월초파일 즈음에도 크리스마스 때 만큼 먹고 마시며 물건을 구입하고 거리를 장식하지는 않는다. 젊은이들의 마음도 크리스마스처럼 설레지도 않는다. 이것은 서양이 갖고 있던 부에 대한 부러움과 함께 선교사들에 의해 그들의 문화가 빠르고 쉽게 수용된 탓도 있고 기독교가 한국의 근대화, 서구화에 지대한 영향을 끼쳤기 때문이다. 교육도 서양식 학교와 교육제도를 따랐으니 비신자들조차 크리스마스를 알고 있고 또 이 날을 축제로 받아드리고 있는 것은 자연스러운 일이다. 그러니 정작 기념해야 할 의미는 실종되고 껍데기만 길거리를 난무한다고 해서 탓할 일도 아니다.

이 날이 무슨 날인지 그 의미도 알면서 상업적인 포장만 즐기는 다수의 상업인들과 시민들에게 권하고 싶은 것은 그래도 자신보다 가난하고 힘겹게 살아가고 있는 이웃들에게 조금이라도 물질과 정을 나누면서 축제를 즐기시라는 부탁이다. 나눔이 축제가 될 때 그 축제가 의미 있고 풍성해지기 때문이다. 곧 크리스마스이다.

노후 준비

　나이 먹기를 위한 어떤 노력도 하지 않았는데 해가 바뀌어 나이도 바뀌었다. 수년 전만 해도 시간을 거꾸로 되돌릴 수만 있다면 하는 엉뚱한 생각을 했었다. 은퇴를 수년 남기고 있는 지금은 시간이 빨리 지나갔으면 좋겠다는 마음도 있다. 학교에 있으니 타 직종에 비해 퇴직 연령이 늦은 편이고, 연금도 있으니 노후 준비 타령하는 말은 비난받을 수도 있겠다.

　일반적으로 노후 복지가 부실한 가난한 나라일수록 은퇴 연령이 높은 것은 변호사, 의사와 같은 전문 직업을 제외하고는 늙어서도 일하지 않으면 살 수 없기 때문이다. 아내가 교사로 재직하다가 퇴직 12년을 남겨두고 50세에 명예퇴직을 했다. 퍽 이른 나이였는데 벌써 만 7년이 흘렀다. 일반 시민들이 그러하듯이 집 마련하고 자녀 교육하고 시집보내니 가계 빚은 혹처럼 붙어 다녔다. 아내의 명예퇴직금으로 빚을 갚고 싶었지만 아내는 27년의 수고가 사라지는 것 같다면서 빚 청산을 뒤로 미루고 은퇴 후 은신할 터를 가평에 마련하였다. 당시로서는 조금 이른 듯 마련한 것이지만 이후 주말이나 휴일에 둘러보는 재미가 있다. 당장 은퇴하면 지금처럼 둘러보는 곳이 정주지로 바뀔 것이지만 그때도 지금 같은 재미가 있을까 싶다. 정작 몸 붙여 살다보면 후회하고 팔아 다시 도시로 나올지도 모르지만 지금은 만족하고 있다.

교내 몇몇 선생님들은 멀리 동해안 고성부터 강릉, 홍천, 가평 등지에 소위 전원주택을 지어 주말과 방학을 보내고 있다는 소문을 듣고 있다. 꼭 노후 대비라고 할 수는 없지만 각자 형편이 되는대로 서울을 떠나 또 다른 살 곳을 마련하는 것을 보면 단지 일시적인 유행이나 투기가 아니라 그만큼 도시 생활에 지쳐있고 한적한 곳에서 작은 노동과 함께 연구 활동을 하려는 학자들의 속성인 듯하다. 이 정도면 대한민국에서 순금수저는 아니어도 금수저에 해당한다고 할 수 있다. 이것도 재산이라면 죽을 때 사회에 환원하지 않는 한 자식의 몫으로 상속될 것이다.

얼마 전 자식에게 효도 각서를 받고 집을 상속해 주었는데 불효를 하여 노부모가 소송 끝에 집을 되찾았다는 뉴스를 보았다. 이미 그 부자 사이는 돌이킬 수 없는 관계가 되었겠지만 노부모가 살아갈 방법은 그 길 밖에 없었기 때문이라고 생각한다. 세간에서는 재산을 상속하지 말고 모두 쓰고 죽거나 사회에 헌납하라고 한다. 한국동란 전후로 태어난 지금 60-70세 세대 분들의 고생을 85세 이상 생존하고 계신 노부모님들의 고생에 비하겠느냐만 공양을 받아야 할 나이임에도 서른이 넘은 자식은 취업 못해 집에 있고 100세 시대의 노부모는 70세의 자식만 바라보고 있는 것이다.

지난 해 12월 서울대생 한 명이 인생은 수저 색깔에 달려있다고 유서를 쓰고 자살한 사건이 있었다. 부동산을 빼고 현금 최소 20억 원 이상을 보유하고 있는 집안 자식이어야 금수저라는 말이 있다. 기업은 물론 대형 교회 목회자까지 상속하고 세습하는 대한민국에서 젊은이들이 수저 색깔 타령하는 것을 탓할 수도 없다. "로스쿨은 금·은수저 아니면 들어갈 수도 다닐 수도 없다", "개천에서 용이 난다는 것은 노무현 대통령 세대까지였다" 등 20-30세 자식 세대의 부모와 사회에 대한 원망이 난무하다. 이로 인해 상속해 줄 것 없는 60-70세 부모는 자식들 앞에서 무슨 죄인인양 여생을 살아가야 할 판이다. 새해에도 여전히 물질적인 어려움이 있겠지만 붉은 원숭이처럼 대담하게 모든 것을 뒤로 하고 건강부터 챙기는 노후 준비로 한 해를 헤쳐 나가기를 바란다.

봄날은 온다

　어느 사진작가가 빛바랜 사진을 보면 과거가 기억나고, 그 기억이 그 과거를 사랑하게 한다고 했다. 노래도 그렇다. 어릴 적 듣고 즐기던 노래가 불현듯 떠올라 흥얼대기도 하지만, 거리에서 흘러간 노래가 들려올 때는 잠시 과거로 회귀되곤 한다.

　필자가 초등학교 2학년 때 5.16 군사혁명이 일어나자 우리는 그 어렵고 무슨 뜻인지도 모르는 혁명 공약을 외워야만 했다. "우리는 반공을 국시의 제일로 삼고 지금까지 형식적이고 구호에만 그친 반공태세를 시급히 강화한다." 그리고 이런 노래로 조회를 마쳤다. "5.16의 새벽나팔 행진의 소리 우리들은 걸어간다 발을 맞추어~." 교정에는 "명랑한 새 아침에 태양도 밝다. 당신은 들로 가고 나는 공장에~ 재건, 재건 만나면 인사~"라는 노래가 쉬는 시간마다 운동장을 덮었다. 귀가하면 봄, 가을에 곡식을 지불하고 마루에 매달았던 누렇고 작은 스피커에서 "팔 걷고 땀 흘리는 보람찬 나날, 꽃 되어 빛날 날이 앞에 보인다~" 하는 노래가 흘러나왔는데 이것은 '국토 건설대' 노래였다. 지금 살펴보니 2절 가사만 기억하고 있다.

그 바로 2년 전, 4.19 학생의거가 일어나기 직전까지 우리는 "여든 평생 한결같이 몸 바쳐 오신 고마우신 이대통령 우리대통령~" 하는 이승만 찬가를 부르며 놀았던 터였다. 다음 가사는 언제 배웠는지 희미하다. 하지만 어린 나이였음에도 곡도 가사도 아름다웠다고 기억하는데 보건체조 노래가 아니었나 생각된다. "아름다워라 이른 아침 무궁화에 향기를 품고 맑은 공기는 샘물처럼 달려가자 모두 나서라, 건강한 몸을 자랑하며~" 그리고 1968년 12월에 "우리는 민족중흥의 역사적 사명을 띠고 이 땅에 태어났다"로 시작하는 국민교육헌장을 외워야 했고, 직후에는 "새벽종이 울렸네 새 아침이 밝았네~"가 동네를 울렸다. 어릴 적 듣고 배우고 불렀던 노래들이라 잊히지 않고 회갑이 훌쩍 넘은 나이임에도 무의식중에 종종 이런 노래가 입가에서 맴돌며 가사가 점점 또렷해지는 것이 이상하다. 치매환자는 오래된 과거만 잘 기억한다는데 혹시 이런 초기 증상이 아닌가 걱정도 해보았다.

1975년 여름, 군에 가서는 "하늘을 달리는 우리 꿈을 보아라, 하늘을 지키는 우리 힘을 믿어라, 죽어도 또 죽어도 겨레와 나라~"라는 공군가를 불렀다. 제대 전후에 향토예비군가가 있었는데 가사를 완전히 바꾸어 불러 진짜 가사와 헛갈리기도 했다. "어제의 용사들이 다시 뭉쳤다~"가 "발로차고 헤딩 놓고 엎어치기 봐~"로 시니컬하게 개사되어 불리기도 했다. 지금은 그 어떤 어린이나 청소년들도 군대생활을 빼고는 이와 같은 노래나 공약을 부르거나 외우지 않을 것이다.

우연히 라디오에서 백설희의 "연분홍 치마가 봄바람에 휘날리더라~"라는 '봄날은 간다'가 흐르는데, 그 노랫말과 가락이 어쩌면 그렇게 조화를 이룰 수 있는지 새삼 새로웠다. 필자 상상에는 20대 후반, 혹 30대 초반의 여인이 봄날에 긴 강둑에 털푸덕 앉아 조금은 흐트러진 연분홍 한복 치마를 무릎까지 올리고 흐르는 시냇물을 바라보며 얼마 전에 있었던 배신의 회한을 회상하는 듯하다. 가슴 저 밑에서부터 순간순간 저려오는 회한의 슬픔은 봄바람에 씻겨 나애심의 "장벽은 무너지고 강물은 흘러 서럽고 외로웠던 세월은 흘러~"라는 '과거를 묻지 마세요' 노래와 느낌이 퍽 유사하다. 요즘 노래와 비교한다면 이보다 끈적거리는 임주리의 "립스틱 짙게 바르고~"와 견줄만하다. '봄날은 간다'와 '과거를 묻지 마세요', '립스틱 짙게 바르고'는 각각 1954년, 1958년, 1993년에 탄생한 노래들이다. 한국동란 직후에 만들어진 노래들은 대체로 한국적인 회한과 이국적 정서를 표현하고 있다.

요즘 젊은이들은 연인과의 이별 고통 외에는 과거 할아버지 할머니들이 겪었던 전쟁과 기아, 식민지, 군사독재와 같은 고통을 겪지 못했다. 그래서인지 곡도, 가사도 '과거의 봄날' 같지 않다. 선친의 봄이 회한이었다면 그나마 우리들의 봄은 딸기밭이었다. 그러나 요즘 젊은이들의 봄날은 뿌연 미세먼지로 인해 철을 알 수 없는 봄 같아 보인다. 연분홍 치마는 더 이상 봄바람에 휘날리지는 않지만, 더 이상 과거를 묻지 말고 다시 올 상큼한 봄바람을 기대해 본다.

한여름 밤의 꿈

셰익스피어의 희곡 '한여름 밤의 꿈'의 주인공 '피라무스와 티스베' 사이의 사랑 이야기는 구성과 내용에서 '로미오와 줄리엣'의 원형이라고 할 수 있다. 중세와 르네상스 시기뿐만 아니라 원시시대에도 남녀 간의 사랑은 분명이 있었다. 칠월 칠석, 몽룡이와 춘향이, 물레방앗간의 수많은 이야기들 등, 가까이에는 김홍도의 화집에서도 볼 수 있듯이 우리의 선조들도 보릿고개를 넘는 중에도 사랑하고, 사랑하는 이야기를 빼놓지 않았다.

낭만주의의 본래 의미는 퇴폐와는 무관했는데 세상 사람들이 사회관습과 규율에서 벗어난 사랑을 갈망하면서 낭만의 의미는 일탈과 퇴폐로 조금씩 변질되기 시작했다. 급기야 사람들은 예수와 막달라 마리아와의 관계를 사람들이 바라는 취향에 맞추어 스토리를 만들어냈다. 일반 독자들의 눈으로 볼 때 마리아를 사랑한 예수는 허드렛일을 마다않는 마르다보다는 예수 곁에 머물면서 고상한 일만 찾는 것처럼 보이는 마리아를 감싸고돈 것처럼 보일 수도 있다. 향합을 깨트린 여자도 마리아였을 것이라고 추정하고 예수의 임종도 그녀가 지켰다는 이야기는 두 사람의 관계성에 대해 뭇 사람들의 상상력을 자극할 여지를 주고 있다. 지금은 고전이 되었지만, 수십 년 전 'Jesus Christ Superstar'라는 록 오페라가 유행했다. 오페라의 'I don't know how to love him' 중에서 막달라 마리아는 예수를 가리켜 'He is a man, he is just a man'이라고 애절한 음색으로 고백 노래를 한다. 이야기꾼들은 더 나아가 예수와 마리아 사이에 자식이 있었고 그 후손들이 현재 프랑스에서 살고 있다고 한다.

얼마 전 간통죄가 폐지되는 바람에 시청자들은 긴 세월 불륜이 주종을 이루던 국내 통속적인 TV 드라마에 조금씩 흥미를 잃기 시작했다. 자신을 주인공에게 감정이입하여 아슬아슬하고 흥미진진한 일탈 스토리를 통해 가상으로나마 욕망 충족을 할 필요가 상당히 줄었기 때문이다. 이제 방송국도, 드라마 작가들도 막장 드라마라고 불릴 만큼 극단적으로 부적절한 남녀 주인공들의 관계 전개로 인해 시청률을 높였던 소재에서 방향 전환을 해야 할 상황에 부딪히게 되었다. 간통죄 폐지로 인해 "남이 하면 불륜이고 내가 하면 로맨스"라는 말도 곧 사라질 것 같다.

만약에 예수께서 가시관을 쓰고 자신이 매달릴 무거운 나무십자가를 등에 메고 골고다 언덕 정상에 도착한 직후, 병정들이 잠시 쉬는 틈새에 가시관도 십지가도 다 벗어 던져버리고 언덕 아래로 달음질쳐 탈출을 했다면 어떤 사태가 벌어졌을까 상상해 본다. 당연히 지상에 기독교라는 종교는 없었을 것이고 예수는 매우 비겁한

자로 낙인 찍혀 그가 공생애 기간 동안 행했던 모든 것들은 비웃음 거리로 회자되었을 것이다. 적절하지 못한 상상이 극대화되면 망상이 되고 이것이 자신에게는 곧 현실이 되어 공황, 의처증, 의부증, 우울증으로 진전하게 된다. 신앙도 마찬가지이다. 계룡산 같은 곳의 기도원에 들어가 주님의 음성을 기다리면서 방언기도하고 급기야 꿈에 계시를 받았다는 사람들이 많다. 예수가 골고다를 탈출하는 상상이나 자신이 계시를 받았다고 확신하는 것 둘 다 모두 정상은 아니다. 그러나 전자는 그저 혼자 즐기는 상상이지만 후자는 망상에 가까워 현실적으로 기존 교회 질서에 큰 영향을 미친다. 전자는 농담으로 친구들과 잠시 웃고 끝나는 일이지만 후자는 체험자의 확신으로 인하여 그 전파력이 막대하다.

기독교를 원수로 여기는, 아니 기독교가 원수로 여기는 이슬람 중동지역에 하나님께서는 메르스를 형벌로 주셨고, 한국의 불신자들에게는 경고의 의미로 메르스를 보내셨다고 주저 없이 설교하는 목사님들이 여전히 교회에서 활약하고 이들을 추종하는 세력이 있는 한 세상의 평화는 요원하다. 기왕 의도적인 상상과 꿈이라면 퇴폐하지 않으며 도덕적으로 비난받지 않고 공공성을 저해하지 않을 건강한 것으로 택해야 한다. 건강하고 신선한 낭만이 몸과 마음을 더 즐겁게 만들기 때문이다. 아니면 이 한 여름을 온전히 지내기가 더 힘들 것 같다.

익명성과 질환

주말에 시골 읍내에 가면 가끔 5일장을 만나게 된다. 장터 모습이 어릴 적에 경험한 것과 같지는 않지만 여전히 호떡, 각종 튀김, 호미를 비롯한 간단한 농기구들, 여러 가지 색의 플라스틱 그릇들, 체육복, 채소, 심지어 푸줏간까지 노상으로 나온다. 한 바퀴 시찰하는데 한 시간이면 넉넉하다. 그 다음 장날에도 똑같은 풍광과 똑같은 품목, 비슷한 사람들을 만나지만 그 누구와도 눈인사조차 않고 구경만 하고 장터를 빠져 나온다. 시골 사람들의 활기차게 살아가는 모습과 집에서 기르거나 지역에서 채취한 온갖 것들이 한 자리에 모여 북새통을 이룬다. 그래도 이 안에는 터의 위계와 질서가 있고 엄연히 상도덕이 살아있다.

장터에 갈 때는 양복을 입고 가면 뭔가 어울리지 않을 것 같고 불편하기도 하니 집에서 편하게 걸치고 있던 체육복 차림에 봄날 햇빛 가릴 모자와 색안경을 끼고 장 안을 어슬렁거리게 된다. 초로에 색깔 있는 체육복에 칼라로 영어글씨가 새겨진 운동모자를 쓴 것은 봐주겠지만 그 차림에 색안경까지 썼으니 누가 봐도 참 가관이었을 것이다. 이 가관을 사실은 본인만 모르고 있다. 행인들의 눈길을 의식할 즈음 강남 오빠스타일이라서 바라보는 줄 아는 천부당만부당한 착각도 한다. 과거 시골 장터에 가면 노인들은 의관을 가지런히 하고 장터를 다니셨다. 주막에서 막걸리를 마실 때도 자태를 흐트리지 않았던 기억이 있다. 이제는 정결한 두루마기 차림의 풍경은 사라졌지만 그렇다고 오빠 스타일 차림으로 장터에 나오는 노인들도 없다.

얼마 전, 서울역으로 가는 1호선 지하철 안에서 80세가량 되어 보이는 노인이 보라색 스키니 면바지에 짙은 청색 면 양복상의, 긴 부츠에 파란 개똥모자를 쓰고 있는 것을 보았다. 그는 출입문을 양손으로 지탱하면서 운동하듯이 엉덩이를 좌우로 흔들며 가고 있었다. 승객 모두 특이한 뒷모습에 처음에는 아이돌 흉내내는 청소년으로 보았다가 노인임을 인식하고는 기겁을 하였다. 그러나 그것도 순간, 더 이상 아무도 그 노인에게 눈길을 주지 않았다. 젊어지고 싶어 어찌할 바를 모르는 정신이 온전하지 않은 노인 같아 보여 추해 보였지만 잠시 즐거움을 주었다.

체질상 몸 형태에 큰 변화가 없어서 옷가게에 가면 젊은이들 취향의 옷을 구입하고는 한다. 언젠가 한 점원이 그 연세에는 저쪽 가게에 가셔야 적절한 옷을 구할 수 있다고 친절하게 안내해 주었는데 몹시 섭섭한 마음이 들었다. 내색은 못하고 그 가게에 가보니 마음에 드는 옷을 찾기가 쉽지 않아 포기했다. 어깨가 넓고 팔 길이는 짧고 통자로 된 상의가 대부분이었다. 장년 이상은 넉넉한 옷을 입어야 남들이 볼 때도 불편해 보이지 않고 입어도 편하다는 것이다. 오랜 기간 젊은이들 취향의 옷을 입어온 터라 그런 노털 같은 스타일의 옷이 마음에 들 리가 없기도 하지만, 옷 입는 것까지 남들을 의식하면서 입어야 하는지에 대한 생각이 드니 젊은이들 취향의 옷을 더 찾고 싶어졌다. 이 선을 넘어서면 지하철에서 본 그 보라색 노인과 다를 바 없다는 것도 안다. 시골 장터에서 입었던 옷차림은 장터라는 장소성으로 용인될 수 있다고 할지라도, 폐쇄된 공간 안에서 사람들을 만나고 마주칠 때 뭇사람들이 멋지다고 칭찬해 주는 말에 착각하거나 속아서는 안 된다. 그런 칭찬은 야유일 가능성이 매우 높기 때문이다.

모든 물건은 놓여야 할 적절한 장소와 위치가 있으며 사람도 나이에 따라 입어야 할 옷의 적당한 형태와 색깔이 있다. 그뿐 아니라 나이에 적절한 행동과 말씨도 있다. 소위 상류층이라고 하는 사람들이 상스러운 욕설을 일상 언어처럼 사용하고, 고급 외제 승용차를 타고 교통위반을 밥 먹듯 한다면 보기에 추한 것에서만 그치는 것이 아니라 시민들의 노여움까지 사게 되는 것이다. 아무도 자신을 알아보지 못할 것이라는 익명성을 무기 삼아 특정 장소와 공간에서 함부로 떠들고 행동하는 것은 정신병이며 치료 받아야 하는 질환이다. 언젠가 유시민 전 복지부장관이 국회에서 청바지 차림에 한 손을 호주머니에 넣고 발언을 하는 바람에 다른 의원들과 국민들의 빈축을 산 적이 있다. 그것은 권위적인 것에 대한 의도된 옷차림이었으니 예외이다.

수리수리 공수리

　'수리수리 마수리', 어릴 적에 친구들끼리 담장 밑에 모여서 참 많이 중얼거렸던 주문이다. 돌멩이를 앞에 놓고 떡이 되라고 빌면서 했던 그런 장난 주문이다. 본래 이 주문은 불교 경전 '천수경'에서 '입으로 지은 업을 깨끗하게 씻어내고 참된 말'로 시작하라는 것인데 그 말이 바로 '수리수리 마하수리 수수리 사바하'이다. 성경에 빗대면 '내 더러운 입술을 숯불로 지져 주소서'와 유사한 뜻이라고 할 수 있다. 복을 빌고자 하면 비는 본인이 먼저 깨끗해야 그 효험이 있는 법이다. 그래서 새벽에 정수를 떠 놓고 빌 때는 먼저 목욕재계부터 했다. 그런데 친구들이 모이면 가끔 '수리수리 공수리'라는 말을 사용하곤 했다. 여기에서 공수리의 '공'은 '공짜 혹은 노력 없이'라는 의미이다. 무언가 해결해야 할 문제를 앞에 놓고 어떤 고민도, 어떤 노력도 하지 않고 무언가에 편승하거나 얼버무리며 은근슬쩍 넘어가려고 할 때 '수리수리 공수리'라고 했다.

　정치가든 부모든, 국민과 자식들에게 무언가 공약을 해놓고 언제 그랬냐 하는 것은 다반사이다. 최근 중국에서 CEO의 자격을 말할 때 첫째, '약속을 지키지 말 것'이라는 조항이 있다고 한다. 이 말의 사실 여부를 떠나서 이 말이 나오게 된 것은 책임자란 자신이 뱉은 말을 모두 지킬 수도 없거니와, 지켜서는 그다음 일을 진척하기 어렵고, 또 그다음 약속을 선뜻하기가 쉽지 않기 때문이라는 것이다. 대한민국에서 선량이 되고 싶어 선거철마다 하는 후보자들의 공약들은 멋진 청사진이지만 선량이 된 이후에는 그야말로 수리수리 공수리였다. 이들은 중국에 가면 모두 대단한 CEO가 될 자격을 갖추고 있는 사람들이다. 지킬 수 없는 약속을 상대방이 요구하기 때문에 누구나 속내를 뻔히 알아차릴 수 있도록 씩 웃으면서 해주는 장난 같은 약속은 수리수리 공수리가 아니다.

주례자가 결혼식장에서 배우자를 평생 사랑하겠느냐고 물을 때 신랑 신부의 씩씩한 답이 지나치게 솔직해서 하객들은 웃는다. 오랜 기간 결혼생활을 해 오고 있는 부부들은 다 알고 있다. 지금 이 순간 신혼부부의 답은 진실하겠지만 점점 지켜지지 않을 것임을. 결혼생활 10년이 넘은 부부가 배우자에게 사랑하느냐고 물으면 수리수리 공수리로 넘어가기 일쑤다. 묻는 측도 돌아올 답이 공수리일 것을 뻔히 알면서도 되새김하듯이 묻는다. 그래도 이런 공수리들이 계속 쌓여 가면 언젠가 금슬이 더 좋아지게 될 것을 기대한다.

공수리가 코미디같이 가끔 삶을 즐겁게 해주지만 결코 공수리가 되어서는 안 되는 것들이 있다. 그것은 정치인들과 정부가 국민들에게 하는 공약들이다. 국가는 일개 회사와 다르며 한 가정을 꾸려가는 가장과도 다르다. 지키지 못할 수도 있기 때문에 약속이라는 말을 사용하고 있다는 역설도 있지만 정부가 내놓는 시책은 지키지 못할 수도 있는 약속이 아니다. 천재지변, 전쟁, 국제 정세와 같이 어찌할 수 없는 상황 때문에 국민의 행복을 저해할 수밖에 없는 것 빼고는 무조건 지켜야만 하는 공약이다. 정부가 차마 표현은 못 하지만 내심 국민들을 향해 아프리카나 북한에서 태어나지 않은 것만으로도 다행으로 여기며 살아가라는 생각을 한 치라도 갖고 있다면 국민들은 조국을 버리는 것이 적절하다.

"박정희 시절에 경제가 얼마나 발전했는지 돌아봐라. 민주화가 되니까 노조가 극성부리고, 재벌들이 사욕만 챙기니 경제가 발전할 리 없다. 대한민국은 역시 독재정치를 해야 북한도 저지할 수 있고 경제가 발전한다"라는 말을 필자도 노인들로부터 들어 본 적 있으니, 이런 말을 들어 보고 또 이 말에 수긍하는 사람들도 있을 것이라고 추정한다. 적어도 독재시절에는 공수리는 없었다는 뜻일 수도 있다. 그러나 이로 인해 국민들의 인권은 유린되고 소수 권력자들과 그에 붙어있던 기업가들의 형용할 수 없는 공수리로 부패와 축적이 하늘을 찔렀던 시절이기도 했다. 시민들의 눈에는 과거보다 나아진 것이 아니라 여전히 전관예우 문제부터 시작해서 민주화로 인해 감춰진 것이 드러나고 있는 것으로 보일 뿐이다.

오뚝이

책상 위에 오뚝이 우습구나야 검은 눈이 성내어 뒤룩거리고
배는 불룩 내민 꼴 우습구나야.
책상 위에 오뚝이 우습구나야 술이 취해 얼굴이 빨개 가지고
비틀비틀하는 꼴 우습구나야
책상 위에 오뚝이 우습구나야 주정하다 아래로 떨어져서도
안 아픈 체하는 꼴 우습구나야

아직은 이 노래를 기억하는 사람들이 더러 있을 것이다. 장난감
이 흔하지 않던 어린 시절에 오뚝이는 아주 훌륭한 교육적인 장난
감이었음이 틀림없다. 요즘에는 생후 1년 남짓 아기들 용품점에나
가야 볼 수 있는 물건이 되고 만 것은 그 오뚝이라는 장난감이 정말
재미없기 때문이다. 무게 중심이 아래에 있어서 아무리 넘어뜨려도
발딱 일어나는 오뚝이를 처음 보는 아이들은 재미있겠지만, 연속
서너 번 반복하게 되면 움직이는 것을 좇는 고양이조차도 더 이상
오뚝이에게 눈길을 주지 않는다. 그래서인지 요즘 오뚝이는 노래를

하고 스스로 재주를 넘고 형태도, 색깔도 다양하다. 게다가 다양한 수입품까지 있다. 그러나 위의 오뚝이 노래 가사는 어린이들이 부르기에는 몹시 불건전한 내용이다. 오뚝이를 '성을 내고 술에 취해 비틀거리고 주정하다 넘어져도 일어서는 꼴'로 표현하였는데도 그저 재미있다는 이유 하나로 아무런 교육적인 검증 없이 어린이들에게 유행시켰다. '내가 커서 어른이 되면 술을 마시고 넘어져도 오뚝이처럼 기필코 일어서고 말테야'를 가르치는 것 같다. 물론 이 노래를 부르며 이렇게 생각하는 어린이는 단 한 명도 없었을 터이지만 적절한 가사가 아닌 것은 분명하다.

반면 선생님들은 오뚝이를 교육적으로 잘 풀어내셨다. 학생들에게 오뚝이 같은 사람이 되라고 가르치실 때는 실패는 성공의 어머니이니 어떤 어려움에도 굴하지 않고 쓰러지고 넘어질지라도 오뚝이처럼 다시 벌떡 일어나 정진해야만 성공하는 삶이라고 하셨다. 누구나 살다 보면 넘어지게 마련이다. 넘어졌을 때 누군들 다시 벌떡 일어서고 싶지 않은 사람이 있을까? 하지만 일어서고 싶어도 더이상 일어설 힘이 없는 사람들이 있다. 넘어진 채로 그냥 주저앉는 사람들은 오뚝이처럼 아래가 무겁지 않기 때문이다.

어떻게 해야 오뚝이처럼 아래에 무게 중심을 만들을 수 있을까? 머리를 가볍게 비우고 단전호흡으로 심신을 단련하면 오뚝이처럼 될 수 있다고 한다면 참 어처구니없는 비유이다. 차라리 그것을 내공 혹은 저력이라고 한다면 그것도 하루아침에 만들어지는 것이 아니다. 그 내공은 욕망과 의지를 토대로 이미 오뚝이같이 수많은 난관을 극복한 것에서 나오는 것이다.

차라리 다 비워버린다면 다른 그 무엇이 빈자리에 들어와 채워줄 수도 있을 것이다. 그러나 무슨 재주로 비울 수 있단 말인가. 비워가는 과정을 종교에서는 영성훈련이라고도 한다. 오히려 약간의 스트레스가 삶에 의욕을 주고 생기를 준다는 보고서도 있다. 스트레스가 내면의 욕망을 자극한다는 뜻 같다. 그러나 그릇된 오뚝이의 욕망으로 인해 패가망신할 수 있다. 도박, 마약이 그러하다. 자칫 정치도 그럴 수 있다. 최근 홍 모, 최 모 변호사들의 욕망은 온 국민을 경악하게 했다. 정의를 구현하겠다고 어렵게 판검사가 된 사람들이 그 후에 지향하는 목표가 오직 돈뿐이라면 판검사는 스펙 쌓는 과정이었을 뿐이라고밖에 할 수 없다. 정당한 수임료라면 그 누구도 비난할 사람 없다. 로스쿨 출신 변호사들에게 거액의 수임료를 주면서 의뢰할 시민들은 아직 없겠지만 만약 로스쿨 출신 변호사들이 그런 일을 했다면 전국 로스쿨은 문을 닫아야 할 만큼 더 큰 비난이 쏟아졌을지도 모른다.

목표를 향해 전진하다가 아슬아슬하게 실패하면 오뚝이가 될 확률이 높지만 이로 인해 자칫 자괴감, 우울증, 정신공황 등이 찾아오게 되면 심각해진다. 지난달 정신병이 있는 청년이 화장실에서 처음 보는 아가씨를 살해했다. 강남역 일대에 추모 열기가 가득했고 사람들은 시위로 사회에 호소했다. 남성들의 여성 혐오와 비하, 위험한 정신병자에게 시민들이 무방비로 노출되어 있다는 것에 대한 비판이었다. 이런 정신병자들의 속성은 오뚝이와 퍽 유사하여 다시 범죄를 일으킬 가능성이 높다. 홍, 최 변호사와 같은 사람들에게는 정의구현이라는 소망이 돈으로 타락하면서 돈이 그들의 배를 오뚝이 배처럼 만들고 말았다. 그렇다면 우리 각자는 무엇에 관해서 오뚝이일까?

지치다 못해

7월 중순이면 슬슬 더위에 지치기 시작해서 8월 초면 '지치다 못해' 차일피일 미루어 오던 늦휴가를 떠나게 된다. 정작 떠나기는 했지만 고속도로에서 지치고 휴양지에서 지치고 귀가하면 피곤에 지친다. 쉬는 것에 지치는 사람들도 있겠지만 일자리 찾아 지치는 사람들이 이들보다 더 지친다. 지친 삶을 살고자 태어난 것은 아닌데 지치다 못해 어떤 사람은 자살도 감행한다. 공부에 지치고 취업에 지치고 직장에서 지치고 자녀양육과 노부모 공양에 지치고 병에 지쳐 결국 죽음에 이르는 것이 인생 같다. 나이가 들면서 그동안 낯설게 들렸던 '생로병사'라는 말을 실감하게 된다.

교회 벽에 "수고하고 무거운 짐을 진 자들아 다 내게로 오라, 내가 너희를 쉬게 하리라"라는 성경 구절이 적힌 현수막이 걸려 있는 것을 종종 본다. 교회나 절에 가서 마음과 육신이 위로받고 쉴 수 있을 만큼의 여유만 있다면 이보다 더 좋은 충전 기관이 어디 있겠느냐 싶지만, 그곳에 가서 더 큰 짐을 지지나 않으면 다행인 것이 요즘 종교 기관의 현상이다. 이웃은 물론 원수를 사랑하라는 말씀을 듣고 아멘, 아멘 하는 사람들이 대한민국에만 천만 명이 넘는데도 사회의 도덕불감증은 갈수록 심화되고 있고 자살자도 계속 증가하고 있다.

세월호 사건 이후 국민들의 정의감이 부쩍 고양되었다고는 하지만 세상의 불의에 관한 것들은 여전히 그저 지나가는 뉴스일 뿐이다. 불특정 다수를 살해한 자들은 모두 조현병자라고 한다. 뭔가 잘못되어도 한참 잘못된 것이다. 누가, 그리고 무엇이 삶을 지치게 만들기에 과거에는 상상도 못 하던 일들이 백주에 일어나고 있는지 잠시 멈춰 생각해 봐야 한다. 이것은 과거에 가난을 탈피하고자 옆, 뒤를 안 보고 진보했던 욕망의 결과이다. 전쟁 승리와 부의 축적과 출세를 위한 경쟁은 결국 인성을 망가뜨렸고 승리자 없는 대부분의 낙오자들은 경쟁의 과정 중에 모두 지쳐 주변의 그 어떤 위로와 격려의 말과 공동선을 향한 행위에도 시니컬해진 것이다. 그런데 놀랍게도, 안 지치는 사람들이 있다면 사기꾼, 정치인들이다. 특이한 욕망에 사로잡힌 사람들은 결코 지치지 않는다. 종교인, 교수, 법조인, 의사, 기업 회장은 자살을 해도 현직 국회의원이 자살했다는 뉴스는 거의 들어 본 기억이 없다.

수십 년 전, 서울대 입학률에 관한 인터뷰에서 임학과 교수 한 분이 법대와 비교하면서 사회정의 구현과 억울한 자를 위해 법조인이 되겠다고 희망하는 젊은이들은 이렇게 많은데 나라를 녹화하겠다고 하는 청년들이 별로 없는 참 특이한 나라라고 꼬집었던 것이 기억난다. 살인, 기아, 난민, 테러와 같은 빅뉴스의 홍수 속에서 그 어떤 것에도 무감한 국민들은 북한과 전쟁이 시작되고 북한이 핵을 쏘았다는 뉴스라면 혹시 작은 충격을 받을지 모른다. 그 충격도 자신과 가족에 대한 걱정으로 생기는 충격이지 나라와 국민들의 생명에 대한 걱정은 그다음일 듯싶다. 이 정도로 무감해진 현대 한국의 도시민들은 9.11 테러보다 더 쇼킹한 뉴스가 아닌 한 그 무엇에도 감흥하지 못할 것만 같다. 이스탄불에서, 파리에서 발생하고 있는 이슬람 무장 IS 테러는 그저 다른 나라 소식일 뿐이다. 당장 내 몸이 지쳐있고 찌들어 있기 때문에 옆을 둘러 볼 마음이 생길 리 없다.

어릴 적에 읽었던 동화 같은 나라, 에덴동산, 유토피아는 북유럽, 스위스 같은 일부 나라에서나 조금 보일 뿐 이 세상에는 없다. 7세기 당나라 '영가현각' 스님은 '증도가'에서 "배움을 끊은 한가한 도인은 망상을 없애지 않고 진리도 구하지 않는다"라고 했다. 모두 노자, 장자처럼 살기를 희망하며 하루하루를 살아가지만 연결되는 그 하루에 지치다 못해 쓰러져간다. 대통령 한 사람이 바뀌면 나라가 갑자기 엄청 바뀌지 않을까 하는 기대도 하지만 정작 바뀌어도 하루하루가 느닷없이 살맛나게 변화하는 것은 아니다. 자신을 둘러싸고 있는 환경을 금수저·흙수저 탓으로 돌리며 산다면 그 사람의 하루하루는 더 지쳐갈 수밖에 없다. 이들에게 가장 필요한 것이 무엇일지 이미 국민들은 오늘도 지친 몸으로 체험하고 있다.

기적

오늘은 2016년 8월 17일이다. 오늘로부터 276년 전인 1740년 8월 17일은 베네딕토 14세가 교황에 승좌한 날이다. 교황이 되기 전에 그는 교황청의 기적 감별 업무를 담당했던 경력이 있다. 교황이 되기 전에 로마대학을 발전시키고 문화재 보존에 힘을 썼던 것으로 보아 교육과 문화의 소중함을 누구보다 잘 알고 있던 사제(주교, 추기경 포함)였다고 할 수 있다.

그즈음 유럽의 문화적인 분위기는 로코코풍이었고, 증기기관이 발명되고 산업혁명이 일어났으며, 감리교 창시의 시발점이 된 영국 국교회(성공회)의 웨슬리 신부가 형제들과 함께 부흥운동을 하던 시기였다. 이때 교회의 기적 감별 판단이란 매우 조심스러운 작업이었는데, 담당자는 보고를 받은 기적 사건이 진정으로 신의 현현에 의한 것인지를 조사하고 판단하여 통보를 해주어야 했다. 지금으로 말하면 특임 판사와 유사한 업무라고 할 수 있다. 그가 거짓이라는 판결을 내리면 기적을 행한 사람은 이단이나 정신병자로 몰리고, 신에 의한 기적이라는 판결을 하면 복권에 당첨된 것 이상의 효과를 갖게 되었다. 예를 들어 꿈에 신의 음성을 들었다고 하는 사람의 내용이 기적으로 판결을 받으면 그 사람은 영적으로 충만한 사람이 되어 유럽 각지에서 그를 만나기 위해 몰려오고, 아이콘(icon, 성화)에 침구를 해서 불치병이 나았다는 것이 확증되면 그 아이콘을 제작한 수도원은 아이콘 제작 판매로 인해 큰 수익을 올릴 수 있었다.

실제로 8세기 레오 3세 치하에서는 성화상 파괴가 있었다. 명분은 아이콘 숭배가 우상 숭배라는 이유 때문이었으나 그 내면에는 아이콘 판매 수입을 둘러싼 교회와 수도원과의 경제적 갈등 요인도 한 역할을 했다. 마녀사냥은 사라진 시대였지만, 만약 기적이 거짓으로 판단되면 그 사람은 이단이나 정신병자로 내몰리기 십상이었다. 그러면 사회에서 매장되는 것은 물론 혐오 인물이 되어 마을 공동체 안에서 거주하기 힘들었다. 판결에도 일정 부분 부정이 개입될 개연성은 있었을 것이다. 또 이 판결들은 정통과 이단을 판가름하는 판례로 사용되기 때문에 판단할 때는 요즘 헌법재판소만큼이나 신중했을 것이다.

과학이 요즘 같지 않았던 시절이었던 10세기 십자군전쟁 당시, 기독교 국가들은 이슬람 국가들을 못마땅하게 여기고 멸시했다. 그러나 정작 이슬람 땅에 들어서서 그들의 문화를 보고, 음식 맛을 본 기독교 용사들은 자신들이 얼마나 미개한지를 깨달았지만 예수를 그리스도로 믿지 않는다는 이유 하나만으로 야만인 취급하며 학살로 자존심을 세웠다. 기독교도 당연히 철학과 과학이 있었으나 모두 신의 영광을 위한 것이었고, 그들의 지식과 경험으로 잘 안 풀리면 신의 뜻으로 정리하고 그에 관한 더 이상의 연구에 소극적이었다. 여전히 신이 지배하고 있던 시대 문화에서 르네상스가 찾아왔지만 이것도 알프스 이남에 국한된 것이었고 수많은 비의와 기적이 난무하고 괴담도 속출했던 시기에 계몽주의를 맞이했다.

인공지능이 활약하고 있는 현대 사회라고 해서 비의와 기적, 괴담이 없는 것은 아니다. 단지 과학으로 인해 많이 사라지고 사람들이 믿지 않기 때문에 표면으로 드러나지 않은 것뿐이다. 한국 기독교계에서는 1995년경에 '휴거' 논쟁이 활발했고 사이비 이단 종파들이 난무하여 살인 사건이 발생하기도 했다. 종교를 이용하여 천문학적인 재산을 축적하는 개인과 종교단체도 있지만 종교의 자유라는 헌법정신에 의해 이들이 불법을 행하지 않는 한 이를 심판할 그 어떤 정부 기구도 없다. 정통이라는 몇 교단에서 임의로 특정 교단을 이단이라고 심판하는 경우는 있지만 법적 구속력은 없다.

요즘에도 합법적인 기적이 있다. 주식 대박, 부동산 대박, 발명 창업 대박 등이 그러하다. 그러나 권력을 쥔 몇 사람들은 자신의 지위를 이용하여 기적을 창출한다. 이 기적을 심판하는 사람들도 종종 연관되어 있어서 국민들은 정직한 판결을 기대하지도 않는다. 여전히 기적은 난무하는데 이를 판단하는 이들도 기적을 행하는 세상이다. 또 누군가가 판결했던 사람들의 기적을 또 판결하겠지만.

흠집 내기

    60년 넘게 살다보니 억울하거나 속상한 일을 적잖이 겪었다. 어떤 가해자는 자신의 영달을 위해 자신이 정한 목적을 성취하려고 남을 비난한다. 이런 사람일수록 자신이 억울하게 당하는 것은 결코 참지 못하면서 남을 비난하는 일을 즐긴다. 자신이나 혹은 그의 측근이 특정한 목적을 추진했으나 그 결과가 좋지 않았을 때 그 원인을 남에게 돌리며 비난을 하는 경우이다. 어떤 사람은 자신과 무관한 사태임에도 불구하고 가해자의 대변인처럼 앞장서서 비난의 글을 올리기도 한다. 이 글에 대한 댓글이 올라오기를 기다렸다가 그 글이 마음에 들지 않으면 댓글 쓴 사람을 공격하는 글을 다시 올린다. 이런 행태가 수차례 반복되면 결국에 본안은 사라지고 서로 공격을 위한 공격을 하게 되는데 이것이 바로 흠집 내기이다.

    흠집 내기는 익명으로 글을 올리는 것이 허용된 특정한 카페 같은 곳에서 흔히 볼 수 있다. 그러다 보면 상황을 잘 모르면서 가해자를 지지하는 그룹도 자연스럽게 발생하게 된다. 가해자가 바라는 것 중의 하나는 바로 이런 반사이득이다. 상대방의 말꼬리 잡기부터 시작해서 그 사안에 관해 떠도는 이야기들을 수집 정리까지 하고, 그것을 자의 해석하여 온라인상에 무작위로 배포한다. 거의 집착에 가까운 편집증후군이다. 언제 생업에 종사하는지 의심이 들 만큼 본업보다는 이런 일에 대부분의 시간을 소모하고 있다면 그는 분명 정신질환자이거나 특별한 자폐 환자라고 할 수 있다. 이들은 영악하게도 명예훼손에 걸리지 않을 만큼 글 내용의 수위를 조절하기도 한다. 이들이 포장하여 주장하는 명분에는 언제나 공공성, 정의가 빠지지 않는다. 물론 온라인상에서 이러한 방식으로나마 공론이 모인다면 건강한 민주화가 될 수도 있지만 익명으로 특정인을 비난하는 글이 대부분이다. 결국 가해자는 자신이 한 짓이 부메랑으로 되돌아오게 된다는 것을 모른다는 것이 문제이다.

흠집 내기로 인한 가장 큰 피해자들은 연예인과 정치인들, 기타 유명 인사들이다. 가해자들의 특징은 좋은 일들을 유포하기보다는 터무니없는 나쁜 소문을 유포하는 것이다. 이때 돌아오는 반응이 흥미롭고 더 자극적으로 회신해 주는 재미가 크기 때문일 것이다. 익명의 가해자들은 피해자만큼 유명하지 않은 경우가 대부분이다. 자신이 성취하지 못한 것에 대한 시샘과 성공한 사람에 대한 질투심을 비난을 통해 무언가 대리만족감을 느끼는 것으로 상쇄하려는 듯하다.

피해자 혹은 피해 기관은 도덕적으로 문제가 없다면 가해자의 어떤 공격과 비난에도 여론몰이가 되지 않으며 조직이 쉽게 흔들리지도 않는다. 어느 순간에 자신이 올린 비난의 글에 대한 반응이 신통하지 않으면 슬그머니 물러나고 하이에나처럼 또 다른 먹거리를 찾아 떠돈다. 이들로 인해 무고한 시민들이 피해를 받지만 반면 이들로 인해 모두 조심하려는 순기능도 없지는 않다. 현대 기술사회가 가져온 사회 필요악이라고 할 수 있다. 정말 지탄받아 마땅한 사람에 대한 비난의 글은 그렇게 많지 않다는 점이 이상하다. 불길처럼 잠시 번졌다가 쉽게 사라진다. 이것은 지독하게 지탄받아 마땅한 사람은 그의 권력도 그만큼 비례하여 커져 있기 때문인지 모른다. 시민들은 익명으로라도 감히 그들을 비난할 엄두를 내지 못한다.

돌이켜 보면 독일의 통일은 한 시민의 작은 촛불 기도로부터 시작되었다. 현대 과학 기술이 가져다준 인류 역사 이래 최대의 선물인 사이버 공간을 근거 없이 남을 비난하는 데 사용하며, 그 내용의 무례함이 도를 넘고 있으니 안타깝기 짝이 없다. 비단 이런 현상이 대한민국에만 있지는 않을 것이다. 조금 더 성숙한 자유 민주시민이 되기까지의 과도기 같은 여정이라고 생각하며 자위해 본다. 하기야 비록 사과는 했지만 필리핀 대통령이 미국 대통령한테 개○○라고 표현할 수 있는 세상이 되었다. 표현의 적절성 여부를 떠나서 앞으로의 교육은 정부 주도의 점수 잘 받고 취업 잘하는 평가 중심이 아니라 상대를 배려하는 품성교육이 무엇보다 절실하다.

울며 겨자 먹기

하지 않아도 생활에 별 지장이 없는 일을 외압이나 그 무언가에 의해 억지로 하게 될 때 '울며 겨자 먹기'로 했다고 말한다. 하고 싶은 일을, 하고 싶을 때만 하면서도 넉넉하게 살 수 있는 곳이 있다면 그곳이 바로 천국이다. 그러나 우리를 둘러싼 환경은 녹록지 않다. 아무리 지상낙원 같은 곳에서 사는 자연인이라고 할지라도 평생 먹을 식량을 축적해 놓지 않은 한은 눈비 오고 추운 날, 아픈 날에도 일을 해야만 한다. 생존을 위한 필수적인 일이기 때문에 이런 일은 울며 겨자 먹기라고 말하지 않는다. 중학생이 학원에 가기 싫은데 부모의 강압에 못 이겨 가야만 할 때 울며 겨자 먹기라고 한다. 학원에 안 가면 좋은 대학 못가고 좋은 대학 못가면 성인이 된 후 생존에 위협이 온다는 등식이 완전 성립한다면 울며 겨자 먹기라고 말하지 않는다. 이제 '부정청탁 및 금품 등 수수의 금지에 관한 법률'(일명 김영란법)이 시행되고 있으니 울며 겨자 먹기로 밥값을 내거나 선물을 하고 심부름해야 하는 일들은 꽤 줄어들 것 같다.

이 법이 시행되던 지난 9월 28일 모 대학에서 한 학생이 캔 커피를 교탁 위에 올려놓은 것을 교수가 마시다가 고발당한 첫 사례가 있었다. 다행인지 불행인지 고발자가 익명이었기 때문에 무효가 되었다는 기사를 보았다. 그동안 파파라치들의 눈부신 활약으로 인해 불량시민들이 습관적으로 해오던 교통위반, 쓰레기 투척 같은 행위는 줄었다고 한다. 시민의식이 높아져서 불법행위가 감소되었다면 선진국이 되어가는 것이지만 파파라치들 때문에 줄어들었다면 꽤 불행한 일이다. 김영란법을 위반하는지를 감시하고 고발하는 '란파라치' 양성학원이 있다고 한다. 남녀노소 막론하고 파파라치 활동을 하는 사람들은 틈틈이 아르바이트로 부수입을 올리기 위해, 혹은 원하는 직장에 취업이 잘 안 되니 울며 겨자 먹기 식으로 하는 것이라고 한다.

그러나 이 일을 하는 사람들에 대한 시민들의 눈길은 그다지 곱지 않다. 이들에게 자기가 고발당하게 될지 모른다는 이유도 있지만, 파파라치는 남을 고발하여 수익을 챙기는 비열한 돈벌이라는 부정적인 인식 때문이다. 필요악 같은 존재로 인식하는 듯하다. 처음 파파라치가 되고자 결심할 때 이들의 심경도 착잡했을 것이다. 오죽하면 이런 일을 시작했겠느냐며 자신의 직업이 파파라치라고 자신 있게 드러내지는 않는다. 그러나 기왕 시작한 일이니 자긍심을 스스로 고양하기도 한다. 이들 중에는 전문가가 되어 특종기사라도 하나 건지는 것이 희망인 사람도 있다. 김영란법도 란파라치들의 활약에 힘입어 한국 사회에 만연된 윤리, 도덕불감증에 상당한 영향을 줄 것이라고 믿는다.

한편 사제지간, 오랜 우정, 측은지심과 같은 감성적인 인간관계까지 법적인 잣대로 측정해서 더 개인주의화된 사회로 변질되지 않을까 하는 우려가 있다. 밥값을 지불하는 사람은 울며 겨자 먹기로 지불하는 것인지에 대해 본인이 잘 알고 있으며, 대접받는 사람도 상대방이 울며 겨자 먹기로 지불하고 있는 것인지에 대해 잘 알 것이다. 그러나 대체로 이런 방식을 묵인하거나 이용하면서 사회가 굴러왔다.

얼마 전 김영란 전 대법관이 신문 인터뷰에서 더치페이가 좋지 않으냐고 반문한 적이 있다. 정말 그럴까? 더치페이가 모든 인간관계에서 좋기만 할까? 처음부터 그런 문화 속에서 성장하고 생활해오고 있는 서양인들은 별문제가 없다. 하지만 서로 번갈아 가면서 상부상조해오고 있는 한국 문화 속에서 기성세대에게 더치페이는 친구관계마저 서먹하게 만드는 퍽 어색한 지불 방식이 아닐 수 없다. 젊은 세대는 더치페이가 이미 일상화되었다고 하니 김영란법을 익히고 실행하는데 기성세대만큼 정서의 혼란은 크지 않을 것이다.

몇 가지 시행착오도 거치면서 과도기를 지나 점차 이 법이 정착되면 울며 겨자 먹기도, 부정부패, 정경유착, 청탁도 조금은 줄어들 것이라고 기대해 본다. 그러나 상대적으로 뒷거래가 만연해질 가능성도 크다. 의식을 바꾸지 않는 한은 란파란치들도, 경검찰도 파악할 수 없는 또 다른 지능적인 울며 겨자 먹기는 더 극성을 부릴 가능성이 높다.

옷깃

❊

불가에서는 옷깃만 스쳐도 인연이라는 말이 있다. 성경에 보면 몹쓸 병에 걸린 병자가 예수의 옷깃을 만지고 병이 나았다는 내용이 있다. 예수는 옷깃만 만져도 병이 완치될 것이라는 믿음이 병자를 살렸다고 말한다. 최순실의 위력은 가히 예수에 버금갔다. 그의 실세를 아는 이들은 그녀의 옷깃만이라도 만져보려고 발버둥쳤다. 그녀는 전지전능했다.

누군가 신이 아무리 전지전능해도 단 한 가지 못하는 것이 있는데 그것이 자살이라고 했다. 신은 아니지만 권력과 재물을 지녔던 한 대통령은 부끄러움에 그 생명을 마감했다. 자살은 결코 옳은 길은 아니었음에도 국민들은 그의 죽음을 고귀하게 여겼다. 박 대통령과 최순실의 심판과 재판이 끝나지 않았지만 청문회와 특검의 조사 과정을 지켜보면서 시민들이 분노하는 것은 자신들이 저지른 사건에 앞서서 미안함과 부끄러움은커녕 그 뻔뻔함 때문이다.

대통령의 옷에 대해 최순실과 고영태의 이해관계도 분명 있었을 것이다. 언젠가 유명 백화점에 가서 수입명품 옷을 보게 되었는데 한 벌에 수 백만 원, 천만 원대를 호가하는 것을 보고 소문으로만 듣다가 적잖이 놀란 적이 있다. 대통령은 국가의 이미지가 있으니 개인 기호를 떠나서 여러모로 좋은 옷을 입는 것이 적절하나 좋은 옷이 수입명품을 의미하는 것은 아니다. 마침 고영태라는 사람이 대통령의 옷을 수백 벌 제작하였다고 하니 그 많은 옷들이 도대체 어디에 있는 것인지 궁금하다. 대통령이 한 번이라도 입었던 옷이라는 명분으로 훗날 고가로 경매에 붙이기 위해 누군가 보관하고 있는 것은 아닌지 모르겠다. 대통령은 왜 그렇게 많은 옷들이 필요했는지도 궁금하다. 하기야 많은 행사, 외빈접대가 많으니 기회마다 적절한 옷으로 치장하면 모임과 행사에 더 좋은 효과가 있을 것이라는 기대와 더 멋지게 보이고 싶은 마음이 있었을 것이다. 그럼에도 불구하고 수백 벌이라는 옷은 마르코스의 부인 이멜다가 소유했다는 수천 켤레의 구두를 떠올리게 한다. 이 수많은 옷마다 염력이 있었는지 아니면 특정한 옷에만 우주의 기운이 모였는지는 알 길이 없다.

어떤 정치인들은 그의 옷깃에 손을 대고 싶어 하면서 여전히 대통령은 잘못이 없다고 외치며 죄 없는 태극기를 흔들고 있다. 고영태는 그 많은 옷을 만들었고 최순실로부터 옷값을 받았다고 한다. 또 최순실은 대통령으로부터 옷값을 받았다고 한다. 그렇다면 대통령은 옷을 사는데 급여의 대부분을 사용한 셈이다. 국민은 가난해도 대통령은 분명히 부자인 듯하다.

국민의 대부분은 고급 차를 타고 고급 음식을 먹으며 고급 옷을 입고 싶어 한다. 라면은 역시 찌그러진 양은 냄비에 끓여 먹어야 제 맛이라고 하지만 실제로 고급 장소에서 고급 접시에 담아 먹으면 먹는 사람이 고급스럽게 느껴지기 마련이다. 같은 옷이라도 시장에서 사 입는 것과 고급 백화점에서 사 입는 것은 옷을 입는 사람의 태도와 옷을 대하는 자세도 달라진다. 대통령은 그 수많은 옷을 어디서 제작해서 얼마에 구입했는지 알고 있었을 것이다. 궁금하지도 않지만 혹이라도 그 많은 옷들이 한 번 입고 버릴 옷이라면 대통령의 옷에 대한 자세를 의심하지 않을 수 없고, 이 때문에 대통령이 사람을 대하는 태도도 의심스럽다.

一行有失, 百行俱傾(일행유실, 백행구경), "한 가지 행실에 과실이 있으면, 백 가지 행실 모두 한쪽으로 쏠리게 된다"라는 말이 있다. 고위직에 있는 사람들은 특히 유념해야 할 말이다. 백번 잘해도 한 번 잘못하면 회복하기 어렵고 회복하기 어려우니 더욱 변명하게 된다. 이렇게 쌓이는 변명들은 더 회복하기 어렵게 만든다. 가장 정직한 것이 가장 효과적으로 회복할 수 있는 유일한 길이다. 감추어진 것은 모두 드러나게 마련이라는 말이 있다. 촛불과 태극기로 양극화되어 있는 듯 보이지만 탄핵심판이 끝나면 모든 국민은 다시 제자리로 되돌아가 회복할 것이라고 믿는다. 그동안 국민들이 민주화를 위해 쌓아온 저력과 성숙한 민주시민으로서의 자긍심이 높아졌기 때문이다.

이제 봄이다. 봄날의 옷깃이 온 국민의 상처를 치유해주길 바란다.

파면(罷免)과 파문(破門)

　파면이란 단어는 잘못이 있는 사람을 직업이나 맡은 일에서 쫓아내어 신분을 박탈하는 것을 뜻하는 명사이다. 파면을 하려면 대상자에게 무언가 중대한 잘못이 있어야 한다. 잘못이란 영역은 퍽 추상적인 것이지만 잘못의 유무는 그가 맡은 직책, 직위, 직무에서 그릇된 행위와 그 결과를 가지고 판단한다. 따라서 그 잘못의 기준은 그 직무와 관련된 규정에 따르게 된다. 규정에 없을 경우에는 사회 관습, 공공성, 도덕성, 여론 등의 잣대로 측정하게 될 것이다.

　필자는 작년에 구성원 한 명이 잘못을 저질러 공식 절차를 거쳐 파면하고자 했으나 그가 먼저 사표를 쓰고 나갔다. 다행히 그 여파가 크지는 않았지만 그는 구성원들에게 큰 교훈을 주고 갔다.

　가정이나 직장에서 생활하다 보면 아버지로서, 혹은 직위를 갖고 직무 책임을 맡은 사람으로서 그 직권을 남용하여 폭력, 성희롱, 인사, 배임, 횡령, 금품수수, 기타 압력 등을 행사할 수 있는 유혹과 기회가 있기 마련이다. 하물며 수도원에서조차 이와 유사한 일이 발생한다. 어떤 사람은 십계명을 못 지킬지라도 들키지만 않으면 된다는 자신만의 '11계명'을 만들고 이를 굳건한 믿음으로 지키며 자신의 욕망을 충족해 간다. 그러나 결국 부메랑으로 돌아오기 마련이다. 권력을 행사하며 사익을 취할 때의 희열은 아슬아슬하고 도박에서 돈을 땄을 때처럼 클 것이다. 또 뒤처리까지 완전무결하게 마무리했다고 안심하겠지만 "밤 말은 쥐가 듣는다"라는 속담은 그저 나온 것이 아니다. 이것은 선조들께서 당신들의 경험에 비추어 그렇게 살면 안 된다는 것을 후손들에게 가르치는 지혜의 격언이다.

박 전 대통령은 청와대를 나와 사저로 갔다. 끝까지 그 사람답게 국민에게 인사말을 대독하는 것을 보며 더 이상 놀랄 것도 없었고, 국민 화합을 위한 최소한의 공공심을 그에게 기대한 것이 잘못이었다고 자괴할 것도 없었다. 그의 사저 앞에는 태극기와 하나님께서 지켜주실 것이라는 기도문의 현수막을 들고 애처롭게 서 있는 중년 여성도 보였다. 이 여성이 믿는 하나님은 분명 기독교의 하나님이 분명한데 어쩌면 이런 믿음을 확고하게 지닐 수 있는 것인지 새삼 놀라울 뿐이다.

한국의 기독교는 일찍이 진보와 보수로 교파가 분열된 역사를 갖고 있다. 진보든 보수든 신앙 안에는 이성도 들어 있는 것이다. 이성이란 쉽게 말하면 계산한다는 뜻이다. 도대체 어떤 셈법으로 계산하고 따져서 그런 행동을 하게 되었는지 아리송하다.

1517년 10월 31일은 루터가 종교개혁을 시작한 날이다. 한국 개신교회는 종교개혁 500주년을 맞이하여 올해 다채로운 행사를 이미 펼치고 있다. 가장 척결해야 할 과제가 목회자 세습 문제라고 입을 모으고 비판하지만 몇몇 대형 교회는 눈 하나 까딱하지 않는다. 그러면서 종교개혁 행사에 초청되고 재정 후원도 한다. 퍽 아이러니하지만 이것이 한국 개신교회의 현실이다. 그러니 무슨 개혁이 되겠는가 싶다. 당사자는 세습을 원하지 않는다고 하지만 그 소속 구성원들이 모두 찬성하니 반대하거나 비난하지 말라는 것이다. 사회적 공공성이라고는 찾아볼 수 없고, 극보수 혹은 극진보 단체들의 성향같이 가족적이며 야만주의 집단 같은 성향의 교회는 이미 교회가 아니다.

태극기는 바람에 하늘 높이 아름답게 펄럭여야 하는데 부끄럽게 펄럭이고 말았다. 태극기는 우리나라 깃발이어야 하는데 그들만의 깃발이 되고 말았다. 태극기에 담긴 무구한 음양오행 합일과 합치의 의미는 온데간데없이 사라지고 남과 북, 진보와 보수의 이원론의 의미로 추락하고 말았다.

대통령의 파면 여부에 따라서 대한민국이 망하는 것은 아니다. 그러나 대다수 국민들의 감정과 이성은 이 파면에 환호를 했다. 파면당했다고 해서 당장 푸른 하늘이 보이는 것은 아니지만 그래도 희망을 품는 것이다. 과거 중세교회에는 잘못한 교인에게 교회 출석을 막는 파문이라는 제도가 있었다. 종교개혁 500주년에, 파문해야 할 사람이 정작 국민에게 파문당할 리스트에 오른 것이 오늘 개신교회의 현실인 것은 대한민국 정치와 크게 다를 것 없어 보인다. 그래도 이렇게 봄은 왔다.

명예 회복

　한 조직의 운영을 책임질 대표와 임원은 소속 구성원들로부터 적법한 절차를 거쳐 선출 혹은 임명을 받는다. 한 나라의 수장은 왕세습이 아닌 한은 국민이 선출하며 선출된 사람은 정해진 임기 동안 국가를 치리하고 운영하게 된다. 대통령일지라도 직무를 수행하는 중에 권력을 남용하여 헌법을 위반하게 되면 적절한 법 절차를 통해 탄핵을 받게 된다. 국민들은 매스컴을 통해 나라의 동태, 변이를 파악하고 기타 다양한 정보를 통해 대통령의 직무 수행에 관한 판단을 하게 된다. 어느 중대한 사건을 계기로 국민의 80% 정도가 대통령의 직무수행 역량에 관해 부정적인 평가를 하고 있다는 통계가 나오면 대통령은 많이 억울할지라도 이것에 관한 정직한 해명을 해야만 한다. 그러나 이미 국민에게 신뢰를 잃어 통치 권위가 상실되었다면 아무리 정직한 해명일지라도 대통령은 국민을 설득하기 어렵다.

　한번 쥔 권력을 한순간에 내려놓는다는 것은 쉽지 않다. 권력을 더 이상 누리지 못하게 된다는 것보다는 자신의 명예가 한순간에 추락하기 때문이다. 박 전 대통령은 국민을 설득할 만큼 적절한 해명을 하지 못해 결국 헌법재판소에 의해 파면을 판결받았다. 그리고 구속되었다. 억울하다고 하면서 명예회복을 위해 소송을 할지라도 이미 대다수 국민의 감정과 정서가 그의 곁에 있지 않다는 것이 중요하다. 명예를 회복하려는 자가 타인들의 신뢰 없이 이러한 소송만을 거듭한다면 더 깊은 수렁에 빠져 들어가게 된다. 어쩌면 당사자는 억울함에 눈이 가려 이것을 인식하지 못할 수도 있다. 되찾고자 하는 것은 명예회복일 텐데 이것도 사건과 상황에 따라 회복이 가능한 것이 있고 불가능한 것이 있다. 이 일은 대통령에게만 국한된 것이 아니라 사람이라면 그 누구라도 이와 같은 등식이 적용된다.

어린 나이에는 실수해도 회복할 기회가 많이 있지만 나이 들어 실책을 하게 되면 회복할 기간도, 그 기회도 그만큼 줄어들게 된다. 다급한 나머지 서둘러 회복하려고 무리하게 되면 회복은커녕 더 큰 불명예만 쌓기 쉽다. 재판을 통해서 명예를 회복하려고 하지만 법적으로 명예회복을 하는 것과 민심을 통한 명예회복은 다르다. 특히 60세가 넘어 명예가 실추된 사안이 법률 위반 여부 때문이라고 할지라도 이미 인심을 잃은 사안이라면 당사자는 법적 판결을 떠나서 장기간 자숙하면서 선행을 통해 그나마 어느 정도 명예회복이 가능할 수는 있다.

전두환 전 대통령은 과거에 백담사에 갔었다. 왜 속세를 떠나 설악산 사찰까지 가서 한동안 살림을 했었는지 새삼 의심이 들 만큼

백담사를 나온 후 오늘까지 그가 자숙하고 있다는 소식도, 어떤 선행을 했는지에 대한 소문도 없다. 다시 억울함을 호소하는 듯 자서전을 발간했다는 소식만 있다. 명예회복을 위한 자서전이라고 생각하고 썼겠지만 그것이 명예를 회복시켜 줄 것이라고 생각하는 사람은 그의 가족과 가까운 주변 인물들밖에 없을 것이다. 당장은 아닐지라도 후세에 사료를 남기기 위한 목적으로 자서전을 냈다면 후대에 누군가 그 자서전에 기록된 내용의 신빙성을 따져 묻게 될지도 모를 일이다. 혹 누군가가 "염○하네"라고 말하지 않을까 싶다.

간혹 물질과 권력과 명예, 이 셋 중에서 무엇을 택하겠느냐며 질문 같지 않은 질문을 하는 유치한 어른이 있다. 이 셋은 각기 독립해 있는 것이 아니라 삼위일체처럼 한 몸이다. 현대사회에서 청렴한 사람은 부와 권력에 대한 욕망도 없겠지만 아무리 막강한 권력과 부를 지녔다고 해도 황희 정승과 같은 청렴이 없는 사람이라면 그에게 명예는 없는 것이다. 대통령을 비롯한 각층 지도자들의 제1 덕목은 청렴이다. 이 이유 때문에 국회에서는 높은 공직에 앉을 사람을 청문하는 것이다. 인사가 능사라는 것을 알면서도 지도자들 주변에 인력풀이 옹색한 것은 능력이 있다고 소문난 사람들 대부분이 과거 청렴의 문제로 인해 청문회를 통과할 가능성이 적기 때문이다. 고위직에 있는 사람일수록 한 번 잃은 명예는 결코 원상회복되지 못한다는 점을 명심해야 한다. 민심이 천심이기 때문이다. 정치인들에게 청렴을 기대하는 것이 무리일 수도 있겠지만 곧 대선이다.

기쁨과 짜증

기쁨의 반대말이 슬픔이나 분노일 수 있지만 짜증일 수도 있다. 문재인의 대통령 당선에 혹자는 기뻐했고 혹자는 짜증을 냈다. 박근혜 전 대통령으로 인해 국민 대부분이 분노했으나 그래도 이번 대통령 선거에서 국민의 40% 이상이 기뻐했으니 어느 정도 위로가 된 셈이다. 물론 끝까지 짜증을 내고 있는 국민들도 있을 것이다.

언젠가부터 대수롭지 않은 말과 사건을 대할 때마다 말끝에 "아, 짜증나네"라고 말하는 것이 유행인 적이 있다. 정말 짜증이 나서 내뱉기도 했겠지만 습관처럼 접미사로 사용하고는 했다. 기뻐하며 살아보았던 기억이 가물가물한 탓인지 요즘은 아주 사소한 일에도 '아, 짜증나네'라는 말을 함으로써 웃음을 주어 주변 분위기를 전환하는 경우도 더러 있다. 광화문 촛불은 국민들의 분노를 축제로 승화시켰고 시위 후 맥주 한잔이 기쁨을 더했다. 큰 축제이든 작은 축제이든 축제는 짜증을 기쁨으로 반전시키고 활력을 주어 살맛나게 하는 특성이 있다.

우리 선조들은 농주 한잔에 간단한 가락과 춤으로 힘들고 괴로운 노동을 기쁨으로 맞이했다. 어쩌면 시청 광장에서 태극기를 흔들던 사람들도 그들의 슬픔을 그런 식으로 극복하려고 했을지 모른다. 태극기와 촛불, 이 둘은 아무 상관없는 사물이며 단어다. 태극기는 촛불이 싫었고 촛불은 태극기를 어처구니없어했다. 태극기는 대한민국의 상징이며 우국(憂國)의 상징이다. 그런데 우국이라면 왜 반미를 하지 않고 성조기를 함께 들었는지 알 사람은 다 안다. 미국을 사랑하는 것이 곧 대한민국을 사랑하는 것이며, 미국이야말로 지상에서 대한민국을 영원히 지켜줄 유일한 나라라고 믿고 있기 때문일 것이다. 성조기 외에도 영국, 호주 등 한국에 우호적인 여러 나라 국기가 있는데 유독 성조기만 흔드는 것은 한국동란의 영향과 우리가 가장 의존해야 할 강대국이라는 확신 때문이다. 아무리 힘이 없는 나라라고 할지라도 성조기까지 동원한 의도는 그저 추측이긴 하지만 친미야말로 국가안보를 굳건히 하는 유일한 길이며, 대통령을 탄핵하면 적화통일이 될 수도 있다는 그런 논리 때문일 것이다. 이런 정도의 자존감을 갖은 국민이라면 대한민국이 미국의 한 주가 된다고 해도 마다할 것 같지 않아 보인다. 시청 광장에서 한 손에는 태극기, 한 손에는 성조기를 든 한국인들을 바라보는 외국인들은 어떤 생각을 했을지 퍽 궁금하다. 그리고 가끔 성경책도 등장했다.

분단 64년이 되었는데도 여전히 북한의 핵 위협 때문에 그럴 수밖에 없다고 변명 아닌 변명을 하기도 한다. 어쩌면 반공이 긴 세월 정권유지의 큰 몫을 해온 탓도 있을 것이다. 이런 상황에서 사드 배치, 위안부, 일자리 창출 등 다급한 문제들의 해결이 문재인 정부로서는 큰 과제이다. 북한은 보란 듯이 연일 미사일을 쏘아대고 있고 강대국들은 그 밤톨만한 북한을 어찌할 바 몰라 협박만 하고 있다. 자칫 전쟁이 발발할 것만 같은 분위기 때문에 재외한인들은 걱정이 태산 같은데 정작 대한민국 국민은 일상에서 별다른 위기의식을 느끼지 못하는 듯하다. 한국인으로서 향후 후손들을 위하고 동시에 짜증을 줄이며 살아갈 수 있는 길은 여전히 평화통일이다. 평화통일이 꿈같은 소리일지 모르나 불가능한 것도 아니다. 당장은 어렵겠지만 지나치게 먼 훗날의 일도 아닐 것이라는 생각이다.

통일을 가로막는 것은 정작 주변 강대국이라는 말들도 있다. 강대국들의 정치적 세력 다툼까지 국민들이 일일이 셈하며 살아갈 수는 없다. 그래서 정치인들은 국민을 대신하여 이런 셈을 지혜롭게 하여 평화통일을 이루도록 해야 할 책무가 있다. 최선을 다했음에도 불구하고 전쟁이 발발하게 된다면 국민들은 방법 없이 감내하겠지만, 한국동란을 겪은 어르신들도 극한 대립으로 대응하는 것이 최선의 길이 아니라고 생각할 것이라는 마음이다.

문재인 정부 출범 이후 두 주간의 행보는 국민들에게 상당한 기대와 기쁨을 주고 있다. 이 기쁨이 5년 내내 이어져 부디 평화통일까지 이루어지기를 기대한다. 지금의 불안한 상황에서 이민을 생각하거나 일상용품을 비축하려는 짜증스러운 국민들도 더러 있을 것이다. 대통령의 제1의 책무는 국민들의 짜증을 기쁨으로 승화시켜주는 일이라고 생각한다. 통일이 되면 이 모든 문제들이 대부분 해결될 것으로 믿는다.

장관(壯觀)

　새 정부가 들어서고 각 부 장관(長官)이 교체되기 시작했다. 청문회로 어려움을 겪고 있는 후보자들이 많다. 털어서 먼지가 안 나는 사람이 어디 있겠느냐고 한다. 문제는 털리고 있는 먼지가 미세먼지인지 대충 흙먼지인지, 독한 매연인지 하는 것이다. 가벼운 흙먼지가 아니라 국민들에게 나쁜 영향과 피해를 주는 독한 공해 먼지를 뿜은 전력이 있다면 아무리 과거지사라고 할지라도 후보 자격이 없다고 보아야 한다. 지난 80-90년대에는 대충 그렇게 살았으니 면죄부를 달라고 하는 것 때문에 청문회 심의사건의 시효를 정하려고 하는 것 같다.

　청와대는 장관을 비롯한 고위공직에 임명할 인사를 찾기 위해 다방면으로 다양한 사람들의 이력을 확보하고 그중에서 가장 적임자를 추천하려고 한다. 간혹 청문회가 부담스러워 이미 이 문을 통과했던 경력이 있는 기존 정치인이나 관료를 재임명하는 경우도 있을 것이다. 잘해야 1년 반에서 2년 남짓 일해 온 장관직이 힘이 막강한 국회의원들에게도 매력이 있는 이유는 무엇일까? 국무위원이며 중앙부처의 지휘관이기 때문일 수도 있고, 엄청난 권력의 자리이며 최고 명예의 자리이기 때문일 것이다. 이 점에서 장관은 누가 봐도 분명 장관(壯觀)이며 그 집안의 영광이 된다.

중국 동화에 보면 비단장수 왕서방이 되는 것이 아이들의 꿈이었던 것에 비해, 한국 동화는 비록 가난한 집에서 태어났어도 영의정을 비롯하여 정승이 되는 것을 아이들의 꿈으로 그렸다. 왕조시대나 민주 정부 시대나 내각의 각료가 되는 것이 출세의 정점이었고 그 관문은 청문회가 아니라 양반이나 수재들이 도전할 수 있는 과거시험이나 사법 행정고시를 패스해야만 가능한 일이었다. 남들이 쉽게 하지 못하는 어려운 시험에 합격해서인지 그 보상을 받으려는 듯 탐관오리가 속출했다. 정경유착과 검찰의 정치화는 어쩌면 원시시대부터 있어왔을 인간의 속성인 것 같기도 하다. 비교적 청렴해 보였던 사람이 청문회를 통과하여 장관이 되면 기회를 잡은 듯이 탐관오리로 타락한 경우도 있다. 지난 박근혜 정부에서도 보았다. 문재인 정부는 외교부 장관을 비외무고시 출신인 여성을 임명했다. 검찰도 그동안의 정, 재계와의 유착을 부정하거나 부인하지 못해서인지 올 것이 왔다고 생각하는 듯하다.

칼과 완장만 차면 유난히 그 힘을 남용하지 못해 안달하던 못된 권력자들의 근성은 권력에 억압받고 가난해서 서러웠던 과거의 역사, 일제 강점기와 한국동란, 군부독재 치하 중에 겪었던 고난의 경험 등으로 인해 자연 발생한 것이지 유독 대한국민의 민족성에서 비롯된 것이라고 생각하지 않는다. 대한민국이 오늘의 민주화만큼

되는 과정에서 값없이 얻어진 것은 하나도 없다. 말할 수 없는 격변의 고통을 겪는 중에 수많은 생명이 희생되고 인권이 유린당했다. 이제 새 정부는 기존의 병폐 많았던 낡은 기득권 세력과 그 질서를 청산하고 진정한 민주국가를 세우고자 야권에서 반대하고 있는 인사들의 장관 임명을 강행하고 있는 것 같다. 이를 비난하기 전에 과거의 정부는 어떠했는지 돌아보아야 한다.

법무부 장관 후보가 자진 사퇴하여 새 후보를 찾아야 한다. 장관 임명을 강행하는 것에는 과거 정부와 별 차이가 없다고 할지라도, 적폐를 청산하며 민주국가를 구축하기 위해 새 질서를 세우려는 것이라고 국민들은 생각할 수 있다. 현재 장관 후보자들이 권력과 명예에 대한 그 어떤 욕망도 없이 장관을 하고자 하는 것은 물론 아닐 것이다. 모두 애국한다고 하지만 애국하는 방법과 목표가 여당이 되기 위한 정당의 이념에 따라 다르기 때문에 서로 충돌하게 된다. 한 예로, 얼마의 비중을 두고 미국을 가까이할 것인지, 북한을 얼마만큼 적으로 간주할 것인지의 민감한 정치적 문제들에 대한 입장이 국민들의 지지도와 직결되기 때문이다. 세월이 지나 또 정권이 바뀌면 어떤 상황이 도래할지 모르지만 민주화에 관한 한 국민들은 더 이상 퇴보하지 않을 것이다. 탐욕이 없어 부정도 없고 정직하며 소신이 있는 사람이 장관이 될 때 그 나라는 장관(壯觀)이 된다. 정치인들은 국민들이 파수꾼이라는 것을 한시도 잊어서는 안 된다.

여름 숙제

대학은 이미 방학을 시작했지만 초중고등 학교가 곧 방학을 한다. 살던 지역과 가정 형편에 따라 달랐겠지만, 필자는 어릴 적 방학만 되면 시골에 있는 큰집과 외갓집에 가서 길게는 2주 정도 머물며 사촌들과 함께 곤충채집을 하며 방학 숙제도 했다. 또 논두렁에서 미꾸라지를 잡아 샘에서 박박 문질러 물거품을 빼고 매운 찌개를 만들어 먹고는 했다. 그때는 미꾸라지뿐만 아니라 이름 모를 붕어들이 참 많았다. 어린 우리들은 우물터와 그릇을 엉망으로 만들어 어른들로부터 꾸중을 듣기는 했다. 하지만 그 나무람의 억양이 결코 꾸지람이 아니라는 것을 감으로 알기에 이틀도 못 넘겨 또 미꾸라지를 잡아서 똑같은 짓을 반복했다. 저마다 잠자리채를 어깨에 하나씩 들쳐 매고 저수지 풀 섶 갓길을 한 줄로 나란히 걸어갈 때면 어김없이 뱀이 가로질러 소스라치게 놀라고는 했다.

반세기가 지나 그 동네에 가보았다. 고기 잡고 수영하던 맑았던 시내는 온데간데없고, 신작로 옆 그 컸던 한옥도 사라지고 고층 아파트가 저수지를 메우고 있었다. 공주 부여로 가는 시외버스가 비

포장도로 위에 흙먼지 날리며 지나가면 연소되지 않은 매연 냄새를 맡으려고 버스 뒤를 좇는 아이들도 있었다. 그 냄새가 싫지 않으면 배 속에 회충이 있다는 소문도 있었다. 땡볕 저수지에서 종일 한여름의 뜨거운 태양 빛을 즐기곤 했는데 이것은 청소년이 되어 바닷가에 해수욕하러 갔을 때도 마찬가지였다. 3박 4일 일정이 부족하다고 이틀 정도 더 지내다 귀가하면 등에 잡힌 물집의 고통으로 잠 못 이루고, 후에 물집 터진 자국이 검버섯이 되어 지금도 양어깨에 그 상흔을 전리품처럼 가지고 있다. 이제는 그늘진 해변에서조차 한 시간 남짓 노출되는 것도 견디기 힘든 나이가 되고 말았다. 그 때문인지 바다보다는 산과 계곡을 찾게 된다.

19세기 초, 청나라 소주의 '심복'이 죽은 아내 '운이'와 함께 명승 고적을 여행했던 잔잔한 추억을 그린 '부생육기'가 생각난다. 청나라 시절에도 도시 생활은 각박했던지, 잠시 도시를 떠나 여행의 운치를 그린 수필로 기억한다. 작년부터 주말이 되면 가평에 가서 걷거나 자전거를 타는데 이제 여름이 되어 햇빛이 약한 새벽이나 밤에 움직인다. 주말에 딱 하루 대략 40여 리를 거의 같은 풍광의 길을 왕복하지만 걸을 때마다 전에 못 보던 들풀이 새삼 보이고 색도 보이는 것이 신기하다. 걷는 중에는 무언가 생각을 하지만 이내 끊기고 다시 다른 생각이 떠오르고 또다시 사라진다. 걷는 중에 호흡을 깊게 하는 철학적 사고는 불가능하지만 대신 짧고 즐거운 상상이 부가된 개똥철학을 하는 즐거움이 있다. 어릴 적 첫사랑, 지금은 가물가물해진 그 얼굴을 억지로 떠올려 보려고 하지만 처음 애간장

태우던 때의 이미지조차 떠오르지 않는다. 우연히 보게 되면 반가울 수 있을까부터 시작해서, 생사조차 모르면서 정작 만나게 되면 이 나이에 서로 추할뿐인데 보면 뭐하나 하는 쓸데없는 결론까지 내린다. 걷는 것은 운동이 되지만 독서를 하거나 음악이나 그림을 감상하는 것 이상으로 머리를 말랑거리게 하는 효과도 있다.

　이미 은퇴하신 선배들께 하루를 어찌 지내시느냐고 종종 묻는다. '백수 과로사'라는 말을 하는 이가 있는가 하면, 남아돌아가는 시간을 어찌할 줄 몰라 하는 이도 있다. 그런데 이들의 공통된 말은 건강과 약간의 돈이 중요하다는 것이다. 그리고 머쓱하게 이젠 마누라밖에 없다고도 넌지시 덧붙인다. 소싯적에 배우자한테 좀 더 잘했더라면 퇴직하고 이런 구박을 받지 않을 거라는 거다. 한편 아내들은 남편을 '삼식이'라고 부르며 투덜대고, 늙으면 남편은 짐이라서 차라리 없는 편이 좋다고들 농담한다. 그래도 속내는 나이 들수록 부부가 함께 건강하게 장수하면서 정겹게 손잡고 나들이하기를 바라고 또 부러워하는 듯하다. 나이 들면 어리고 젊었던 시절을 보기 위해 옛날 사진첩을 뒤적거리기도 한다. 그래서 사진밖에 남는 것이 없다고들 한다. 늙으면 사진 찍기를 꺼려하는 것은 젊고 예뻤던 기억만 추억하고 싶은 욕망 때문일 것이다. 올 여름엔 손잡고 더 늙어서 추억해 볼 사진을 만들어 보자. 그래도 지금 이 순간이 남은 생애 중 가장 젊은 날이 아닌가!

성실한 거짓말

지상에서 가장 뻔뻔한 직업군을 꼽으라면 어느 나라를 막론하고 국민들은 당연히 정치인들에게 표를 던질 것 같다. 대한민국에서는 청문회를 하거나 선거철이 되면 고관들과 정치인들의 거짓말과 거짓 공약, 그리고 자신과 연루된 불미스러운 사건에 관한 은폐 조작, 정치인의 은퇴 선언 이후 다시 정계복귀 등 정치인들의 다양한 행태를 보게 되는데 그 역사가 깊다. 이를 바라보면 이것이 정치가의 특성인가 싶다. 그러니 국민들이 볼 때 이들이야말로 가장 뻔뻔한 사람일 수밖에 없다.

그러나 이 중에서도 국민에게 존경 받고 거의 우상화 정도까지 갔던 정치인들도 더러는 있었다. 물론 이분들도 정치가로서 혹은 대통령으로서 재임 중에 거짓 공약을 한 적이 있을 것이다. 그러나 국민들은 정치인들이 말하고 행동하는 어느 선까지는 다른 직업군에 비해 특이할 만큼 너그럽게 포용하고 있다. 그 어느 선이 어디까지인지는 국민들의 정치적 성향과 교육수준, 남녀노소에 따라 다르겠지만 그래도 공통적으로 국민들이 못 견뎌 하는 그 마지노선은 특정 정치인의 연속되는 뻔뻔한 언어와 행동이다. 정치인들 중에서는 국민 대부분이 속아 넘어갈 것 같이 거짓말을 성실하게 하는 사람이 있는가 하면, 속이 훤히 들여다보이는 유치한 거짓말을 하는 사람도 있다. 성실하게 했던 거짓말이 후에 밝혀지게 되면 그 말을 믿었던 사람들이 받을 상처는 더 크다. 그래서 정치인들은 거짓말도 상황에 따라 그 수위를 조절한다.

가정에서도 그러하다. 과거 어른들은 자식들의 수업료 납부기일을 종종 넘겨서 주셨다. 꼭 돈이 없어서만은 아니었던 것 같기도 하다. 졸라대면 내일, 모레, 혹은 다음 주 안에는 꼭 주신다고 약속했다. 그러나 자식은 부모의 그런 약속을 냉큼 믿지 않았다. 빚쟁이들의 독촉도 그러했다. 다음 주면 홍콩에서 정말 배가 들어올 듯이 성실하게 설명하면 지독했던 빚쟁이들도 물러섰다. 말 한마디가 천 냥 빚을 갚는다고 했는데 이때 그 한마디는 대체로 거짓말이었다. 1960-70년대는 대부분 이렇게 하루하루를 살아갔다. 가난 혹은 돈이 거짓말을 하는 것이지 사람이 거짓말을 하는 것이 아니라고들 얘기했다. 인정이 많은 국민들은 거짓말임을 알면서 속아 넘어가고는 했다. 만우절의 민폐가 너무 커서 요즘은 그날 거짓말하는 일이 많이 사라졌다. 남에게 불이익을 주거나 어처구니없을 만큼의 무겁고 깊은 거짓말까지 서슴지 않아서 아주 불쾌하기 짝이 없는 경우도 있었으나 대부분 사람들이 하는 거짓말이 너무 성실해서 그 말에 속은 후에도 거짓말한 이를 탓하지 않고 서로서로 명랑한 거짓말로 하루를 즐겼다. 경비가 전혀 들지 않는 일종의 작은 축제이기도 했다.

　필자는 총장직을 수행하면서 특히 학생들에게 실현하기에 조금 까다로운 공약을 할 수밖에 없었던 경우가 있었다. 학생들은 무엇보다 대학구조개혁 계획을 발표하는 총장의 말 중에 헛된 공약, 혹은 거짓말도 있을 것이라고 의심하면서도 믿어주고 넘어가 주었다. 한 기관의 책임자로서는 퍽 고마운 일이 아닐 수 없다. 어느 정치학자에게 정치가 무엇이냐고 물은 적이 있었는데 "정치란 국민들에게 콩을 팥이라고 설득하는 것"이라고 했다. 터무니없는 정의였지만 그럴 수도 있겠다는 생각도 들었다. 콩을 팥이라고 설득하기 위해서는 그의 평소 언행과 행실에 대한 신뢰가 먼저 있어야만 가능한 것이다. 그런 다음 그의 언변에는 진지함과 성실함이 묻어나야만 한다. 사람들은 콩이 팥이 될 수 없다는 것을 알고 있기 때문에 설득을 당해서가 아니라 설득자의 성실함을 보고 콩을 팥으로 믿어주는 척하는 것이다.

　"말 한마디로 천 냥 빚을 갚는다"라는 속담이 있다. 그러나 이 효과는 그 한마디를 누가 하느냐에 달려있다. 거짓 공약, 거짓말을 할 때는 성실하게 해야만 한다. 그러나 평소 성실하지 못한 사람이 성실하게 거짓을 말할 때의 위험은 몇 배가 된다는 것을 유념해야 한다. 아주 성실한 사람이 거짓말을 할 리도 없겠지만 불가피하게 선의의 거짓말을 해야만 할 경우에는 평소 타인들이 자신을 얼마나 신뢰하고 있는지를 인지한 후에 해야 할 것이다. 그러나 아무리 성실한 거짓말일지라도 안 하는 게 최선이다.

앞서가는 사람들

세월이 지난 후 뒤돌아보면 시대를 앞서간 사람이었다는 평을 듣는 이들이 있다. 부정적인 평도 있지만 대개 긍정적으로 하는 평이다. 특히 예술계와 과학계에 이런 사람들이 많다. 가까이 대중음악에서는 아직도 활동 중인 신중현, 서태지, 미술에서는 고인이 된 백남준, 문학에서는 얼마 전 타계한 마광수를 들 수 있다. 이들의 삶의 자리는 아웃사이더였지만 자부심과 자존감이 높았다. 주변과 남을 의식하면서 살아가는 사람과는 다른 특질을 지녔던 사람들이다. 이 같은 소수의 사람들이 시대를 이끌었고 어느 순간, 한 시대의 획을 그리기도 했다. 갈릴레오 갈릴레이, 콜럼버스, 미켈란젤로, 레오나르도 다빈치, 뉴턴, 정약용, 에디슨, 아인슈타인, 피카소, 버지니아 울프, 나혜석, 비틀스, 빌 게이츠 등 나열할 수 없을 만큼 많은 사람들이 있지만 한 사람 한 사람 모두 그 시대에는 소수자였다.

시대를 앞서간 천재들이 시대를 이끌었다는 말이 있다. 이들 덕분에 한 시대의 문화가 흥했고 세상이 변화 발전하였다. "이미지가 사상에 앞서간다"라는 학설이 있다. 오해가 있을 수 있지만 극단적으로 표현하면 동시대의 미술가의 작품(이미지)을 해석한 것이 그 시대의 철학(사상)이라는 것이다. 한류 문화가 발생한 후 이를 해석하고 비평하는 문화이론이 그 시대의 문화 담론이 된다는 뜻이기도 하다. 고딕 성당이 축조되었을 때 이를 해석한 것이 중세 스콜라철학을 집대성했다고 하는 토마스 아퀴나스의 신학대전이라는 말이 있다. 한때 신림동 거리에 중세 유럽의 성곽을 모방한 조악한 웨딩홀이 한참 유행했는데, 그때 사회는 공주병으로 몸살을 앓았다. 공주병이 이런 형태의 웨딩홀을 만들었는지, 아니면 웨딩홀이 공주병을 유행시켰는지에 대한 이야기이다.

그러나 무엇이 선행(先行)하느냐가 중요한 것이 아니다. 이미지와 사상이 서로 공조하고 협업할 수 없을까 고민해보지만 예술가들의 전위(창조)적인 것과 무관하게 이론가들이 시대정신을 이끌 이론을 제시한다고 해도 예술가들은 그 이론을 따르지 않는 창조적 속성이 있다는 점이다. 흥미로운 것은 시대정신을 이끌어가는 정치 지도자는 매우 드물다는 것이다. 히틀러는 민심을 자극했지 미래의 실현 가능한 비전을 구체적으로 제시하지 못한 선동가였다. 예수도 선동가였다고 평할 수 있을지 모르겠다. 그러나 그는 인류에게 비전을 제시했고 그 비전이 그 시대 사람들에게는 망측하게 보였기에 결국 십자가에서 죽었다. 시대가 영웅을 낳는다는 말이 있지만 아주 미개한 나라를 제외하고는 현대의 정보사회에서 이런 일이 발생할 가능성은 매우 적다. 과거와는 완연히 다르게 향상된 국민들의 수준을 감안하면 어느 선동가가 비전을 제시한다고 해도 그를 믿고 따를 사람들이 과거만큼 뭉칠 수 있을지 의문이다. 시대를 앞서가는 사람들 중에서 후에 인정받지 못했던 사람은 한 우물을 파면서 전념해왔던 것이 아니라 느닷없이 일정 기간에만 타인을 의도적으로 의식하면서 허황된 퍼포먼스를 하고 사라졌기 때문이다.

일반 시민들은 누가 시대를 앞서가는 사람인지를 인지하기가 쉽지 않다. 정작 앞서가는 사람들은 남을 의식하지 않고 자기 일에만 전념해왔기 때문에 그 작업이 후에 인정을 받게 된 것이다. 일본은 종종 도시 뒷골목에서 노벨상 수상자를 배출한다. 이름도 없이 장인정신으로 전념하다가 어느 순간에 빛을 보게 된 것이다. 한류가수들도 처음부터 기획해서 성공한 것이 아니라 자신의 노래에 전념하다가 적절한 때에 인정을 받게 된 경우가 대부분이다. 이를 본 기획사들이 자극적인 특이한 아이템을 들고 뛰어드는 경우는 대부분 실패하기 십상이었다. 천재는 타고난다고 하지만 에디슨의 말을 기억할 필요가 있다. 비록 지금 보기에는 보잘것없어 보이는 일일지라도 남의 시선과 실패를 두려워 말고 정진할 때 빛을 보는 일이 생기는 것이다. 정부는 청년창업 등 여러 가지를 기획하여 젊은이들에게 제공하고 있지만 정작 장인정신의 훈련을 받지 못한 청년들은 일확천금을 꿈꾼다. 눈앞의 성공을 포기하고 자기 일에 전념하는 청년이라면 후에 그 젊은이는 시대를 앞서간 사람으로 인정받게 될 것이라 믿는다.

득도

　득도란 오묘한 이치나 도를 깨닫는 것을 뜻한다. 그런데 불가에서 승려들이 저마다 득도했다고 말하는 것에는 속세를 떠나 출가했다는 의미도 있다. 득도한다는 것은 대개 삼라만상의 이치를 깨닫는 거창한 의미로 사용한다. 하지만 각자 자신의 인생 여정 중에 축적된 경험들을 최대 공약 단어로 축약하여 '인생이란 ○○이다'라고 정의할 수 있게 된다면 그것도 득도라고 할 수 있다.

　이렇게 축약한 문장에 누구라도 각자의 삶을 대입해서 이 내용에 적합하면 된다. 이렇게 간단하게 축약한 내용을 수긍하게 되면 살아가면서 지나치게 기뻐할 것도 근심할 것도 없다. 어릴 적 기억할 수 있는 가장 최초의 기억부터 지금 이 순간까지 이르는 삶의 여정에서 필자가 깨달아 축약한 문장은 '인생이란 고장나는 것이다'이다. 유치하겠지만 나름 심오하게 깨달아 찾아낸 말이다. 이 말은 '생로병사'와 유사할 수 있지만 개인을 포함한 가족의 병, 이탈, 결별, 사고 등등, 사용하다 보면 자동차가 고장나듯이 인생살이에도 영과 육, 가족, 타자와의 관계성에서 고장이 나게 마련이라는 것이다. 어떤 부분은 무상수리가 가능하고, 어떤 것은 일정 비용을 지불해야만 고칠 수 있고, 어떤 것은 아무리 돈을 들여도 수리가 불가능하다. 삶도 이렇게 하나씩 수리해 가면서 살아가는 것인데 고쳤을때의 행복과 고장이 났을 때의 불행이 교차되는 것이 인생이다. 고장났을 때의 당혹감과 억울함, 수리에 들어가는 비용, 완전 고장 등 닥쳐오는 괴로움이 있지만 인생이란 고장나는 것이려니 생각하면마음을 조금 누그릴 수 있다.

뱃심 좋은 누군가는 "죽기밖에 더 하랴"라는 말도 한다. 과시 언어가 아니라면 이 사람은 죽음이 그다지 두렵지 않다는 것을 깨달은 사람일 것이다. 예방 의학처럼 병이 날 것을 미리미리 예비하고살 수만 있다면 그만큼 불행은 작아지고 적어질 것이다. 그러나 예측하지 못한 고장이 느닷없이 찾아오게 되더라도 담담하게 수리하고, 노력해도 수리가 불가능하다면 그때 가서 하늘의 뜻으로 알고수용하면 된다. 자신의 역량 안에서 노력해도 안 되는 것을 한탄할것도 없다. 한탄과 비관, 자학이 고장이 난 것을 더 나아지게 하지못하기 때문이다. 칼뱅은 자신이 깨달아 축약한 것을 인생이란 "하나님께서 예정한 것"이라고 했다. 채근담에는 "자신을 설정하게 되면 내 앞에 보이는 것은 번민밖에 없다"라는 말이 있다. 자신과 다르고 차이가 나는 것이 마음에 들지 않기 때문에 마음이 고장나는것이다.

일반 시민 각자가 득도를 한다면 이들이 인생을 축약할 문장은매우 다양할 것 같다. '모든 것이 하나님, 혹은 부처님의 뜻'이라고 아주 쉽게 말하는 사람은 신심이 깊을지는 모르나 이 말은 득도에서 나온 말이 아니라 도피이며 지존한 것에 의존해서 나온 말이다. 이 점에서 칼뱅도 유사하다. 매사에 몸이든 영혼이든 인간관계든 "고장나지 않도록 해야 하고 혹 고장이 나더라도 바로 수리할 수 있고 부품을 교체할 수 있도록" 염원하며 수고해야 한다. 가장 중요한 것은 일상의 모든 면에서 가급적 고장이 나지 않도록 노력해야 하지만 여기에 너무 집착한 나머지 자신이 먼저 고장나는 것에 유의해야 한다. 그래서 불가에는 "지나치게 건강하려 하지 말라"라는 말이 있다.

건강뿐만 아니라 인간관계도 유사하다. 가족 관계부터 직장과 사회에서 고장이 나지 않게 하려면 먼저 서로의 다름을 인정하고 상호 존중해야 한다. 아주 사소한 일에 비속어를 사용하거나 친하다는 명분으로 함부로 대하면 그 관계는 머지않아 고장이 나게 마련이다. 금연금주를 해야 건강해진다는 것을 알면서도 지키지 않으면 자신의 몸은 물론 이로 인해 가족과 이웃까지 고장이 날 수 있는 것과 같다. 도교에서 말하듯 '무위'가 고장을 가장 최소화하는 것이라고 할 수는 없지만, 현대 사회에서 무위자연을 실천하기도 출가하지 않는 한 쉬운 일이 아니다. 몸을 포함한 일상의 모든 관계에서 일정 거리를 두고 중용을 지켜나가는 훈련을 하면 고장이 일어나도 매우 작거나 더디게 일어날 것이다.

10월이 가기 전, 깊은 가을에 자신을 위해서라도 모두 나름의 득도를 해볼 일이다.

예쁨과 감동

　지난달 각기 다른 일간신문에서 두 가지 이야기를 보았다. 하나는 '배달의 민족' 김봉진(40세) 대표가 사재 100억 원을 사회에 환원하고 편법승계나 가족경영은 하지 않겠다고 하는 내용이었다. 가난을 딛고 어렵게 전문대를 나와 창업에 성공한 불과 40세의 젊은이다. 제주도에 가서 두 달 동안 고심 끝에 내린 결정이었다고 한다. 큰 감동이다. 이 소식을 모르는 기업인은 많지 않을 것으로 생각한다. 때가 되면 눈치 보며 내놓는 기업의 돈들이 고맙지만, 우리나라 부자들의 사회에 대한 공공성과 도덕성은 선진국에 비해 현저히 낮은 수준이다.

　또 다른 소식은 다양한 직업을 갖고 인류학을 공부 중인 여행가며 작가인 공원국 씨가 쓴 것이다. 그는 키르기스스탄의 양치는 마을 사리마골에 가서 그곳 사람들이 양을 대하는 태도를 "사람은 양을 닮고 양은 별을 닮는다"라는 말에 담았다. 양고기를 주식으로 하는 그 지역 사람들이 양에 대한 고마움과 미안함으로 지어낸 말일수도 있지만 은하수의 무수한 별들이 모두 하늘의 양이라는 것이다. 양들이 죽어 하늘에 올라가 별이 된 것이다. 정말 예쁜 이야기이다. 허클베리 핀이 뗏목에 누워 미시시피강을 내려오면서 흑인 노예 짐에게 하늘의 무수한 별들이 어디서 생겨난 것인지를 묻는다. 지식이 없는 짐은 큰 별이 낳은 것이라고 한다. 허클베리는 더 어릴 적 동네에서 개구리가 수많은 알을 낳았던 것을 기억하며 짐의 말이 맞을 수도 있겠다고 생각한다. 이 장면이 머리에 그려지는 광경은 예술이고 이 내용을 믿는 것은 종교이다.

김봉진 씨의 결단과 사리마골 마을의 양치는 사람들의 이야기 속에는 예술과 종교가 함께 어우러져 우리에게 풍광의 예쁨과 마음의 감동을 준다. 우리가 하루에 만나는 예쁨과 감동은 크든 작든 얼마나 되는지, 이웃에게 얼마나 많은 예쁨과 감동을 전하는지 생각해 보자. 예쁨과 감동은커녕 짜증과 비난으로 얼룩져 있지는 않은지도. 예쁨과 감동의 무게와 양이 문제가 아니라 아주 작은 것일지라도 매일 쌓이면 나 자신은 물론 사회가 예뻐지고 덩달아 나라가 국민에게 감동을 주게 된다.

유토피아와 천국이 따로 있는 것이 아니다. 이런 나라를 만들어 국민들에게 행복한 삶을 살 수 있도록 하는 것이 기업인과 정치인들의 책무이다. 국회 청문회는 아재개그 같아서 보는 이들에게 감동보다는 비웃음 거리를 제공한다. 기업의 부도덕성이 국민들의 비난거리인 나라에서 예쁨과 감동을 찾기란 쉽지 않지만, 그런 만큼 국민들은 아주 작은 것에도 큰 기쁨과 감동을 받게 된다. 빈익빈 부익부를 당연시하는 나라, 계급과 계층이 대물림되는 나라에서 살고 있는 국민은 이를 탈출하기 위해 입시에 시달리고 고시와 취업준비에 시달린다. 출산은커녕 결혼조차 기피하며 '욜로족'이 되기를 선택한다. 복권과 창업으로 일확천금을 꿈꾸다가 천만분의 일 확률로 성공을 하게 되면, 평소 이에 관심 있는 사람들은 이를 부러워 질투하고, 성공한 사람은 그 천운과 수고를 나눌 생각을 하지 않는다. 더구나 대한민국은 분단되어 전쟁의 위협 속에 있다. 긴박한 남북관계를 그동안의 경험으로 안이하게 대응하면서 오히려 전쟁은 불가능하다는 자기 최면에 빠지기도 한다. 예쁨과 감동보다는 비난과 질시가 더 풍성한 국가도 경제성장은 할지 모르지만 그 나라 대다수 국민들의 품성은 경제성장보다 더 큰 비율로 피폐해질 가능성이 높다.

과거 농경사회에서의 나눔은 미덕이 아니라 함께 살아가는데 필요한 기본 생활지침이었다. 초대 그리스도교회도 나눔이 사랑을 실천하는 제일의 덕목이었고 현대 교회의 정신도 그러하다. 지난달 종교개혁 500주년을 맞이하면서 국내의 교회들이 회개를 했다고 하지만 그 변화는 지켜 볼 일이다. 대기업도 세습을 하지 않는데 이미 대형 교회 하나는 종교개혁 500주년 직 후에 목사직을 아들에게 세습했다. 잠시만 버티면 영광은 영원할 것이라는 적그리스도적 믿음이 그 목회자와 이를 지지하는 신앙인들의 마음 한가운데 이기심으로 자리 잡은 지 오래다. 정치와 종교에서 예쁨과 감동을 찾아 본적이 언제인지 모른다. 소설 속에서나 찾아봐야 할 것 같다.

성탄과 변혁

　앞으로 닷새 후면 아기 예수가 탄생한 성탄일이고 열흘 후면 새해 2018년이 시작된다. 예수가 나사렛이라는 가난한 시골구석, 그것도 마구간에서 태어나신 것과 불과 33세에 십자가상에서 사망하신 것은 그분의 거칠고 힘든 인생 여정을 말해 준다. 성경에 기록된 내용을 글자 그대로 믿지 않을지라도 그 내용이 어떤 근거도 없이 기록되지는 않았을 터이므로 성경을 통해 대략 그의 인생을 추측해볼 수는 있다. 예수가 정말 우리의 죄를 대신 짊어지고 돌아가신 것일까, 또 사흘 만에 부활하셨을까? 그러나 일반 시민들에게는 이러한 교리적 신앙고백이 중요한 것이 아니다. 그 당시 예수가 로마에 항거한 젊은 유대 독립투사였다는 것 하나만으로도 유대인들의 영웅이 될 수 있겠지만 주님이 될 수는 없었을 것이다. 추측건대 예수는 우리가 상상할 수 없는 강한 영적 카리스마를 지니고 있었던 사람이었음이 분명하다. 성경에 기록된 그의 어록을 보면 그런 느낌을 충분히 느낄 수 있다.

　1980년대 국내에서 한참 연구되었던 해방신학과 흑인신학, 민중신학은 기독교 2,000여 년 역사 동안 교리로 포장된 예수의 옷을 벗기고 그가 무엇을 했던 분인지에 관해 본격적으로 연구한 것이다. 결론은 예수는 가난하고 억눌린 자들의 친구로서 그들 편에 서서 그들을 해방하고자 혼신을 다했던 분이었다는 것이다. 예수는 무폭력 혁명가였을 수 있다. 또 정치범이었기 때문에 십자가에 못 박혀 죽었다는 것이다. 그러나 단순히 유대민족을 해방하고자 했던 국지적인 혁명가를 넘어서서 그에게는 비범한 신의 아우라가 있었기 때문에 예수를 따르던 무리는 그를 하나님의 외아들이라고 칭송했던 것이다. 이러한 믿음을 바탕으로 예수의 행적을 따라 살기로 결심하고 특정 장소에 정기적으로 모여 그를 기억하고 기념하면서 서로 가진 것을 나누고 이웃에게 사랑을 실천한 것이 지금의 2,000년 기독교 전통이 된 것이다.

비신앙인이 바라보는 예수와 기독교 신자들이 믿고 있는 예수는 동일 인물이지만 그 의미는 사뭇 다르다. 공통점이 있다면 예수는 분명히 평화주의자였고 사회의 소외된 사람들의 친구였으며 이들에게 희망을 주고 부자들에게는 나눔으로 사랑을 실천하라고 했다는 점이다. 오늘날까지 전 세계의 교회들은 이런 아기 예수 탄생을 기뻐하며 찬미하고 있다.

한국교회는 150년 선교 역사 이래 최고의 전성기를 맞이하고 있다. 전 세계교회가 부러워하며 한국 개신교회에 견학오고 유학까지 오는 세계적인 교회가 되었다. 그렇다면 무엇이 부럽고 무엇을 배우려고 한국교회를 찾는 것일까? 한국교회가 이웃 사랑을 정말 많이 실천해서 한국 사회가 평화롭고 안정된 나라가 된 것을 배우러 온 것일까? 이들이 배우러 오는 것은 오직 양적 성장이다.

기복성에 바탕을 둔 왜곡된 한국교회를 부정적으로만 볼 것은 아니다. 하지만 근래 몇 한국 개신교회의 행태를 보면 시민들에게 비친 교회 전체 이미지는 예수 정신을 위반하고 역주행하고 있는 위험하고 일그러진 모습이다. 성탄절에 예수가 이 땅에 강림하여 지금 한국의 정치와 사회, 교회를 바라보고 한 말씀하신다면 과연 어떤 말씀을 하실지 궁금하다. "무덤에 회칠한 이 바리사이파들아!" 라며 탄식하실 것 같다. 어쩌면 몇 대형 교회의 지도자들은 예수가 부디 이 땅에 오지 말기를 기도하고 있을지 모른다. 주기도문에 있듯이 하나님 나라가 오기를 기도하지만 정작 도래하면 교회는 사라질 것이고 그 순간 세습은커녕 명예와 부와 종교 권력이 모두 함께 사라지게 될 것이기 때문이다.

말로 고백하는 내용과 품고 있는 욕망을 실제로 행하고 있는 행동이 이토록 괴리된 기독교는 전 세계 어디에서도 찾아보기 힘들 것이다. 한국교회에 견학 온 사람들에게 담당자들은 무엇을 자랑하고 있는지 뻔하다. 종교개혁 500주년을 아무런 변화 없이 허무하게 보낸 마당에 새해에는 보이기식의 나눔은 지양하고 교회부터 부디 세속적인 욕심을 벗고 예수 정신을 기억하고 기념하기를 바란다. 비록 자기 몸처럼은 사랑하지 못할지라도 소외된 이웃의 친구가 되고 평화를 위해 일하는 변혁의 기구로 재탄생하기를 기대해 본다.

Ⅱ부

내 주를 가까이하게 함은

Anglican Church와 SungKongHoe

성공회는 성공 교회의 준말이다. 거룩(聖)하고 보편(公)적인 교회(敎會)라는 뜻이다. 성공회만이 거룩하고 보편적인 교회가 아니라 이단이 아닌 지상의 모든 교회는 거룩하고 보편적인 교회이다. 단지 이러한 의미의 단어를 고유명사로 사용하고 있을 뿐이다. 동(정교회), 서교회(로마교회)가 분리되면서 최초의 교회였던 정교회는 자신들이 교회의 원조라고 주장하며 정통(orthodox)이라는 단어를 고유명사로 사용하고 있다. 여기에 대해 베드로의 수위권을 주장한 서방교회는 보편(catholic)이라는 단어를 자신들 교회의 고유명사로 사용했다. 종교개혁을 하지 않은 교회는 Orthodox Church(정교회)와 Catholic Church(가톨릭교회)이다. 영국 안에는 루터가 종교개혁을 한 1517년부터 이 정신을 따르는 소수의 개신교도가 생겨났지만 1534년 헨리 8세가 수장령을 발표하기 전까지는 가톨릭교회였다. 잠시 가톨릭교회로 되돌린 메리 여왕 시대를 제외하고는 국교회(Church of England)가 되어 오늘에 이르고 있다.

흥미롭게도 영연방, 혹은 영국 식민지를 겪은 나라의 성공회는

'Anglican Church'라는 단어를 사용하고 있다. 이 뜻은 앵글로 족의 교회, 혹은 영어를 사용하는 나라의 교회라는 의미인데 이를 교단 교회 이름의 고유명사로 사용하고 있다. 아시아 지역 성공회는 영문 표기로 Anglican Church를 사용하지 않고 한자 성공회를 자국의 발음을 영어로 써서 사용하고 있다. 일본이 Seikokai로 표기하는 것이 한 예이다. 그러나 한국은 Anglican Church of Korea를 사용하고 있다. 과거 캔터베리 등외관구라서 그랬는지 모르지만 관구로 독립된 후 in Korea를 국가 단위인 of Korea로 바꾼 정도이다. 미국은 그들의 자존심으로 Episcopal Church라고 표기하고 있다. 한국만 유독 아시아권에서 어느 나라도 사용하고 있지 않은 'Anglican'이라는 용어를 사용하고 있는 것에 관해 한번 숙고해 볼 필요가 있다. 한국은 앵글로족도 아니고 영어가 국어인 나라도 아니며 영연방 국가는 더더욱 아니다. 영국 국교라는 점을 선교에 활용하기 위해 사용했으나 그 결과가 변변치 않다면 이제 영자 표기를 변경할 필요가 있다. 외국인들이 보면 한국 성공회가 영국과 무슨 관계가 있다거나 혹 한국 안에 있는 영연방 미국인들을 위한 교회라고 오인할 수도 있다.

성공회대학교는 Anglican Church University로 표기하지 않고 한국 발음을 영어로 표기한 Sungkonghoe University를 사용하고 있는데 아무런 문제가 없다. 이제 대한성공회도 국가 단위 교회로서 자존감을 갖고 영자 표기를 바꾸기를 권한다. 그저 내려오는 전통으로 받아들인다면 토착화는 불가능한 것이다. 인도 교회는 영국 식민지였음에도 불구하고 그 전례는 토착화하였다. 한국 성공회의 전례는 음악과 건축은 토착화해가고 있지만 여전히 공기도 예식문이나 복식, 사제의 예배 진행 방식은 영국 선교사들이 사용하던 방식의 답습에서 벗어나지 못하고 있다. 오히려 과거 공기도서는 비록 한자였지만 그 용어가 운율에 부합했고 아름다운 점이 있었으나 현대어로 번역하면서 몇 가지가 생략되고 말았다. 이해를 위한 용어도 중요하지만, 종교만이 갖는 독특한 언어도 있다는 점을 간과해서는 안 된다. 예를 들면 과거에는 '전능하시고 무시무종하신 천주 성부 상주여'라는 문장이 요즘에는 '전능하신 하느님'으로 간단하게 생략되었다. 처음도 끝도 없으신 하느님을 천주, 성부, 상주 세 단어로 표현한 것이다. 삼위일체를 말한 것이 아니라 한 분 하느님을 다르게 표현한 것인데 그 단어마다 주는 느낌과 의미가 조금씩 다르며 거룩한 맛이 있다. 이것이 성공회의 매력이었는데 시대가 변하니 다른 것은 안 바꾸고 말만 바꾼 것 같아 무언가 부족한 여운을 남긴다.

성공회 정신과 무지개

　성공회대학교는 박사과정까지 설치된 종합대학의 규모로서는 전국에서 몇 번째로 작은 대학이다. 이 작은 대학이 진보와 비판, 인권과 평화의 대학 이미지로 자리한 것은 종합대학 역사 20년 동안 학내 교수들의 학문적 기풍과 사회 참여로 인해 얻어진 것이다. 그동안 필자가 언론방송 매체와 인터뷰할 때는 언제나 성공회대학교가 진보 대학임을 역설하고는 했다. 그러나 앞으로는 성공회대학교에 관해 '진보'보다는 '열린 다양성의 대학'임을 강조하려고 한다. 학문은 진보이어야 하며 또 그 진보적 이론이 시대가 요구하는 실용성과 실천성이 있을 때 사회에 큰 영향력을 미치게 된다. 성공회대학교의 성향은 '진보'이기 이전에 진보를 배양할 수 있는 '열림'을 기초로 삼아 설립된 종립 대학이다. 엄밀히 말하면 학내에 '다양성이 공존하는 열린 대학'이라는 의미이다.

　성공회 정신(anglicanism)으로 설립한 대학이기 때문에 정치적으로 진보적 성향의 구성원과 보수적 성향의 구성원이 서로 대립하지 않으려 노력하며 각자의 특질을 인정하고 존중하는 '다양성'의 특질을 갖고 있다. 그러나 대학을 운영하는 총장을 포함한 집행부는 이러한 다양한 성공회적인 특질로 인해 운영에 다소 느림과 어려움을 겪기도 한다. 종합대학으로서 20년을 성장해 오는 동안 수년 전부터 실시하고 있는 정부의 평가지침에 의해 '정부 재정지원 제한대학'에도 걸렸다. 이 굴레에서 벗어나기 위해 정부가 요구하는 여러 지표 향상을 위해 노력하고 있다. 극복해야 할 여러 조치 중에서 가장 먼저 투입되어야 하는 것이 '돈'이다. 다양성 안에서도 무엇보다 '진보'의 스펙트럼이 두드러지는 성공회대학교를 후원해주는 기업은 퍽 드물다. 한국에서 진보의 개념은 일반 기업과 보통 시민들에게는 여전히 불편하기 때문이다. 따라서 대학이 도움을 청할 수 있는 곳은 학내 구성원들과 성공회 신앙공동체와 성공회대학교를 사랑하는 시민들이다. 그러나 이들의 대부분은 크게 도울 수 있을 만큼 넉넉하지 못하다. 또 진보 이미지가 싫어서 외면하는 교우들도 많다. 재정확충 문제를 내세워 대학 교수회는 성공회 신자, 사제가 할 수 있는 대학 이사와 총장의 자격 개방을 지속적으로 요구해 오고 있다.

이 어려운 시기에, '세월호' 참사로 온 국민이 애통해할 때 선거가 있었고, 성공회대학교 구성원 두 분이 서울과 경기도 교육감에 나란히 당선되었다. 이로 인해 성공회대학교는 진보 대학으로서의 이미지가 더 단단해지게 되었다. 이러한 이미지를 불쾌해하는 정치적 성향의 시민들과 교우들이 분명히 있다. 그러나 대학의 특질도 다양해야만 한다. 다양한 대학 구성원들의 다양한 성향과 교육적 특성들이 만나서 대학과 사회를 건강하게 하는 것이다. 성공회 정신이란 진보, 혹은 보수 어느 하나를 지향하는 것이 아니라 둘을 보듬으며 중도의 균형을 유지하려는 정신이다.

성공회대학교에서 일시에 진보 성향의 두 교육감이 탄생했다고 특별히 호들갑스럽게 홍보하거나 자랑하지 않는다. 이것은 성공회대학교의 진보성 때문이라기보다는 학내에 공존하는 다양성의 한 결실이라고 보아야 한다. 향후 보수적인 성향의 교육감이 성공회대학교에서 출현하지 못할 이유가 없기 때문이다. 정체성이 강해지면 그만큼 배타성도 강해지는 법이다. 예수님은 분명히 진보적인 분이셨다. 공생애 기간 지속적으로 바리사이파 사람들과 맞서다 끝내 목숨을 잃으셨다. 그러나 예수님은 보수적인 율법을 폐하러 오신 것이 아니라 완성하러 오셨다고 했다. 어느 곳에서든지 기도하시기를 게을리하지 않으셨으며 광야에서 사탄의 시험도 거치시고 하느님의 뜻을 전하시며 실천하셨다. 영성으로 무장하지 않고 대안과 실천이 없이 이념 논쟁에 집착하는 진보와 보수는 개혁하거나 수구하기에 어렵다. 성공회는 역사적으로 모든 것을 진보와 보수로 구분하여 대립했던 적이 없다. 빨강은 빨강끼리 보라는 보라끼리가 아니라 '빨주노초파남보'가 자연스럽게 공존하여 빛을 내는 스펙트럼이 성공회의 무지개 정신인 것이다.

주교가 있는 곳에 교회가 있다

2014년 3월 프란치스코 교황은 독일 프란츠-페터 테바르츠-판 엘스트 주교의 사직서를 수리했다. 엘스트 주교는 수천만 원 상당의 욕조를 설비하는 등 주교관을 신축하는 데 천문학적으로 돈을 들인 것이 발단이 되어 정직 처분을 받은 후 곧바로 사임한 것이다. 이것은 21세기의 독일 주교가 중세 유럽의 주교들이 누렸던 시각적 권력을 욕망해서 발생한 사태라고도 할 수 있다. 가톨릭교회 주교는 국가 단위를 넘어서서 무려 이천 년 동안 한 교황의 우산 아래에 있기 때문에 간혹 엘스트 주교와 같은 착각을 할 수 있는 여지가 있다. 영국의 성공회는 국교회이기 때문에 교구장이 되면 몇 소수 교구장 주교는 상원의원으로 임명을 받아 반은 정치인이 된다. 세계 여러 나라의 성공회 주교들 중에는 영국 주교가 자국에서 누리는 권한을 자신의 교구에서 유사하게 누리고 싶어 하는 욕망을 갖는 주교들이 있다. 후진국의 주교일수록 영국 교회 안에서의 주교, 혹은 부유한 교구의 주교들이 갖는 다양한 혜택(저택 같은 주교관, 빈번한 해외 출장)과 권력에 대한 사례들을 모방하여 실행하는 경향이 많다.

대한성공회는 1890년 캔터베리 대주교가 전도사나 사제를 한국에 파송한 것이 아니라 특별히 선교사 주교를 서품하여 파송함으로써 시작됐다. "주교가 있는 곳에 교회가 있다"라는 주장에 따른 것이다. 이 이론은 2세기 초엽 이냐시오 주교가 이단 교리들에 대항하고 교회를 보호하기 위해서 교인들에게 보낸 권면의 편지에서 비롯된 것이다. 이냐시오 주교는 "그리스도가 아버지에게 했듯이 여러분은 주교를 따를 것이며, 예수 그리스도가 있는 곳에 교회가 있는 것처럼 주교가 있는 곳에 교회가 있어야 한다"라고 했다. 당시 수많은 이단이 판을 치던 상황에서 교회 보호를 위해 주교직을 통한 교회 일치와 군주 같은 주교직의 필요성을 역설한 것이다. 이냐시오 주교는 교회를 지키고자 끝내 순교했다. 후에 이단들의 공격이 사라지고 교회가 통일되자, 가톨릭교회는 교회의 수호자로서 가장 중요했던 주교의 순교적인 직무는 망각하고, "주교가 있는 곳에 교회가 있다"라는 말을 왕 같은 주교의 권력을 강조하는 경구로 사용해 왔다.

대한성공회의 첫 선교사 주교의 활동 지역은 땅만 한국이었지 영국 국교회 소속 주교였기 때문에, 한국에서의 활동도 퍽 권위적이었으며 한국(일본)정부도 이들을 외교관처럼 어느 정도 예우했다. 1965년에 이르러 한국인 주교가 탄생했고, 이후 캔터베리 관구로부터 독립하여 국가 단위로서 자립하는 대한성공회가 되었다. 대한성공회는 더 이상 영국 국교회 소속도 아니고 영국 국교회 소속의 주교 사제도 없다. 그러나 대한성공회는 선교사들로부터 영국 국교회의 관습을 물려받아 지금도 몇 가지 고교회 전통을 지키고 있는 것이 사실이다.

세계성공회는 가톨릭교회와는 다르게 캔터베리 대주교의 우산 아래 있지 않다. 캔터베리 대주교는 그의 관저인 런던 람베스궁에서 10년마다 개최되는 전 세계 성공회 주교회의 의장이 되며 세계성공회를 대표하는 상징적인 자리이다. 세계성공회 주교회의에서 결의된 사항들을 실행할 것을 그 어느 교구에도 강요하지 않는다. 이때 모인 세계 모든 교구의 주교들은 계급의 차이가 없는 동급의 주교들이다. 단지 국력과 교구의 크기와 선교 역량에 따라 미치는 영향력에 차이가 있을 뿐이다. 비록 동급의 주교라고 할지라도 자신이 치리하고 있는 교구의 실정을 헤아리지 않고 제1세계의 주교와 같은 혜택을 누리려고 한다면 이는 반성서적이며 주교 본연의 직무에 태만하여 교구를 위험에 빠트릴 수 있다. 따라서 신앙과 이성으로 성숙하지 않으면 안 되는 것이 성공회 주교직이다.

성공회 신앙공동체는 주교를 통제할 특별한 장치를 마련하지 않고 '성서와 전통과 이성과 중용'에 근거하여 교회를 치리할 것이라고 믿고 주교를 선출하는 전통이 있다. 현대사회에서의 주교직은 초대교회 주교직과는 다르다. 교구 소속 사제들과 신자들의 영적 지도와 복음 전도, 교회 행정과 교회 일치, 그리고 상담자로서 교회를 신앙으로 고양하는 덕망의 직이다. 한편 소외되고 고통받는 약자를 위해 일하다가 고난을 겪게 될지라도 모든 이들에게 부모와 같은 배려와 측은지심을 잃지 않는 맑은 영성과 강한 신심을 상징하는 자리이다.

교회는 세속의 조직이나 단체와는 다르게 내 이웃에 대한 '측은지심의 덩어리'이어야 한다. 교단 신학대학원이 있는 대한성공회에서 주교직이 흔들리고 권위를 잃게 되는 것은 주교직이나 교회론에 관한 신학이 부재하거나 미천하여 발생하는 것이 아니다. 한 신앙공동체를 치리하는 주교와 그 공동체가 흔들리는 것은 단순히 교회를 대표하는 주교를 비롯한 소수자의 책임일 수만은 없다. 그 어느 교단의 정신보다 더 자유롭고 너그러운 관용의 성공회 정신이 소수의 힘 있는 이들이 남용하여 오염되지 않도록 신앙공동체는 자기성찰과 용기와 사랑으로 서로를 독려하고 권면하기를 게을리해서는 안 된다. 천구백년 전 이냐시오 주교가 말한 "주교가 있는 곳에 교회가 있다"의 진정한 의미를 새길 때이다.

어여쁜 성공회

어여쁨은 보기에 좋고 사랑스럽고 귀엽다는 뜻인데 이것은 예쁨의 옛말이기도 하다. 그런데 어쩐지 예쁘다는 말보다는 어여쁘다는 말에 더 정감이 간다. 같은 의미라고 할지라도 '주님 저를 예쁘게 여기시어…'보다는 '주님 저를 어여삐 여기시어…'라는 기도 말이 더 좋다. '어여삐'라는 말에는 '예쁘다'라는 것과는 다르게 '가엾이, 불쌍히'라는 의미가 조금 들어있는 듯하다.

성공회는 감사성찬예식 초입에 "주여 우리(저)를 불쌍히 여기소서"라는 하소의 노래를 부른다. 이 불쌍한 죄인을 어여삐 여기시고 죄를 용서해달라고 하는 통촉의 찬트이다. 중세기에는 잠에서 깨어 다시 잠들 때까지 온종일 이 한 구절만 낭송했던 수도원이 있었다고 한다. 원죄만 아니라면 무슨 죄를 그렇게 짓고 살기에 매 순간 죄인이라고 고백하는지, 이성적으로 쉬운 일은 아니다. 그러나 이 기도문은 죄의 유무를 떠나 양심을 겸손하게 하는 힘이 있다. 내게 실수하거나 잘못한 사람이 진정으로 '죄송하다, 미안하다'고 용서를 빌면 이를 받아주고 화해하는 것, 원수까지 사랑해야 할 만큼 사랑으로 용서 못 할 사람이 없는 것이 예수님의 정신이다. 하물며 성공회 신자가 내 이웃과 형제를 사랑하여 용서하기를 가벼이 여기며 매사에 작은 손실도 참지 못하고 분노 속에서 살아간다면 마지막 날 주님도 이 자를 용서할지 망설이실 것 같다.

성공회는 예배를 어여삐 여겨달라는 기도로 시작하여 바로 죄를 고백하는 것으로 이어진다. 나 자신의 몸과 마음을 측은하게 하고 주님을 뵙는 것이다. 이 얼마나 어여쁜가. 혹 지루하고 별 감동 없는 긴 설교를 맞이하는 순간이 올지라도 이를 지난 한 주의 죄의 보속으로 여기는 것이 성공회이다. 이 얼마나 어여쁜가! 예배 중에 6절까지 이어지는 긴 성가를 부르기 싫을 때, 한눈팔면 그 시간은 더욱 지루해지고 오히려 힘차게 가사를 음미하며 부를 때 성령의 감동이 일어나며 시간도 더 잘 간다는 것을 경험으로 알고 있는 것이 성공회이다. 이렇듯 모든 것은 마음먹기에 달려있다는 말이 있다. 마음먹기라는 것은 성령의 임재를 간구하는 것과 같다. '하지 말 것들'을 장구하게 늘어놓지 않는 것이 성공회 교리이다. 양심과 도덕성에 의탁하는 것이 성공회 정신이다. 이를 악용하고 남용하지 않는 중도와 중용이 성공회 신학이다. 이렇게 성숙하고 지성적인 것이 성공회 정체이며 사제로부터 받는 축복도 독점하지 않는 것이 성공회이다. 가을비가 내려 예쁜 단풍들이 바닥에 흩날리는 것을 어여삐 바라보고 줍는 것이 성공회이다. 곧 겨울인데 어려운 내 이웃들을 측은지심으로 함께 살기를 간구하고 실천하는 것이 성공회이다. 힘겨운 일상 속에서도 어여쁜 마음을 한시도 놓치지 않으려

는 마음이 성공회이다. 이 모든 것이 성공회 감사성찬예식문 안에
다 들어있다는 것도 성공회 교우들이라면 다 알고 있을 것이다.

머지않아 성탄과 새해를 맞이할 채비를 할 시간이다. 어여쁜 성
공회!

신앙공동체

공동체란 구성원들이 같은 공간에서 상호 유기적 관계를 통해 연대와 일치를 이루는 모임을 말한다. 예를 들면 가족을 중심으로 하는 혈연공동체, 하나의 생활공간을 중심으로 구성되는 지연공동체, 그리고 한 교단, 한 교회에서 같은 믿음을 공유하는 신앙공동체를 들 수 있다. 그러나 공동체 안에서 연대감과 일치감의 밀도가 높고 촘촘할수록 이와 비례하여 배타성이 강해진다. 주전자의 뚜껑과 구멍을 봉쇄하고 물을 끓이면 밀도가 높아져 주전자는 결국 폭발하게 된다. 밀도가 아주 높은 공동체는 그만큼 위험하기 때문에 건강한 공동체를 유지하기 위해서는 항상 누구나 드나들 수 있는 작은 열린 통로가 있어야 한다.

밀도가 높은 교회의 성향은 구멍 막힌 끓는 주전자와 유사하다. 자신이 출석하는 교회는 다른 교회보다 무언가 특징이 있다고 생각하는 자부심이 크다. 이런 교회를 다님으로써 어떤 특권이 덤으로 따라 온다면 금상첨화이다. 이런 교회일수록 누군가 자신의 교회를 공격하면 그 구성원들은 참지 않는다. 반대로 내분이 일어나면 이해관계에 따라 서로 타협이 불가한 두 파, 세 파로 갈린다. 이런 교회가 예수를 주님으로 믿는 신앙공동체라고 할 수 있을까? 이러한 교회 분쟁은 세속 법정에 가서도 끊일 줄을 모른다. 교회 공동체 안에 갈등이 발생하여 내분이 생기면 그것은 이미 공동체에 균열이 간 것이다. 내 식구만 챙기는 가족주의는 현대 사회에서 이상할 것 없지만 이것은 분명히 야만주의이며 극한 이기주의이다. 공공성과 도덕성보다는 무조건 그 교회 교인만 아끼고 감싸기 같은 유사 가족주의를 표방하는 교회 공동체는 이미 공동체가 아니며 남을 배려하지 않고 남을 사랑하지 않는 사이비 교회이다.

여느 교회처럼 신자들이 주님께 예배를 드리고 감사성찬예식에 참여하기 위해 모이는 대한성공회는 어떤 신앙공동체일까? 성공회 신앙공동체의 밀도는 어느 정도일까? 타 교단에 비하면 대한성공회는 훌륭한 신앙공동체임이 틀림없다. 반면에 대대를 이은 모태 신자들이 많은 특이한 가족주의의 속성을 지니고 있기도 하다.

한편 성공회 교인들은 성공회가 영국의 국교회임을 은근히 자랑한다. 여기에는 영국이라는 나라에 대한 묘한 부러움과 자부심이 들어 있다. 근대에 들어 영국은 아프리카를 침략하여 노예사냥을 하고 전 세계 곳곳에 식민지를 구축함으로써 해가 지지 않는 나라라는 별명을 지닌 나라였다. 국교회인 성공회가 제2차 세계대전 때 영국을 위해 어떤 기도를 했을지 상상할 수 있다. 일제 강점기에서 영일동맹이 효력이 있을 때 한국에서 활동하던 영국인 성공회 선교사들은 한국을 위해 어떤 일을 했는지, 트롤로프 주교의 무덤이 금기되었던 서울 장안 사대문 안에 안치된 것만으로도 추측할 수 있다. 강한 힘을 이렇게 사용했던 과거의 영국을 부끄러워하지는 않을지라도 성공회를 잘 모르는 사람들을 위해 영국에서 선교된 영국의 국교회라는 것을 말하고 싶은 이중적인 마음을 갖고 있다.

영국 성공회로 인해 우리가 주님을 알게 되고 성공회의 신앙공동체 일원이 되었다는 것은 가장 큰 사건이며 큰 신세를 진 것은 사실이다. 역사적으로 영국의 반듯하지 못했던 점을 들추었지만 영국은 자본주의 발전을 위해 과학, 철학, 교육, 경제, 문화 발전에 공헌했고 비틀즈를 탄생시킨 나라인 것은 확실하다. 그러나 영국이라는 나라, 혹은 영국 국교회와 대한성공회 신앙공동체는 별개의 문제로 보아야 한다. 대한성공회는 전례 교회임을 가장 자랑스러워하고 있다. 이미 영국 교회는 전례를 포함하여 상당 부분 변화했음에도 불구하고 한국성공회는 '고교회'를 표방하면서 이 형태가 현대사회 선교에 적합한지에 관한 여부는 그다지 고려하고 있지 않다. 성공회 전례가 왜 자랑스러운 것인지, 왜 아름답다고 하는지를 물으면 정작 또렷이 답하는 사제와 신자는 많지 않을 것이다. 단순히 다른 개신교회와 예배 형식이나 성가가 달라서 자랑스럽고 아름답다고 하는 대답으로는 충분하지 않다. 거꾸로 개신교 신자들은 성공회 전례를 특이하게 보고 불편해할 수도 있기 때문이다.

성공회가 그 정신과 전례를 자랑삼아야 한다면 이것에 관해 폭넓고 깊은 이해를 하고 이를 구체적으로 설명할 수 있는 신앙교육이 더욱 강화되어야 한다. 성공회 정신과 전례를 통해 선교하고 이에 대한 신학적 의미를 신앙화하는 선교가 절실한 시점이다. 한편 공동체의 적절한 밀도를 유지하면서 동시에 대한성공회의 자랑이 무엇인지를 새롭게 만들어가야 한다. 그동안 사제들의 사회적 활동을 중심으로 나눔의 집과 사회복지선교, 대학기관 등을 통해 대한성공회의 정체성과 색깔을 만들어 왔다. 최근 이러한 정체성으로 인해 성공회에 대한 국민들의 인식도 호불호가 분명해지고 있다. 대한성공회가 주님의 몸 된 교회로서 그 역할과 기능을 어떻게 하고 있는지에 따라 구별되는 호불호라면 크게 관심을 두고 염려할 것 없으나 단순히 정치적인 색깔로 구분되는 것은 선교에 막대한 지장을 초래하기 때문에 지양해야 옳다. 복음을 통해 좀 더 나은 삶과 하느님 나라의 도래를 위해 준비하는 과정에서 오는 세간의 비난이라면 극복해야 한다. 여기에 한뜻을 모으는 것이 신앙공동체의 바른 모습이다.

성공회 강화읍교회[*]
─ 성 베드로와 바우로의 교회

　대한성공회에서 으뜸으로 자랑스러운 교회 건물을 꼽으라면 역시 강화읍교회라고 할 수 있다. 서울 주교좌교회가 서울지방 문화재인 것에 비하면 강화읍교회는 국가가 역사적으로 가치가 있다고 인정하고 보호하기 위해 지정한 사적 제424호이다. 바로 옆 강화 고려궁지가 사적 제133호이니 강화읍교회의 가치를 가늠할 수 있다. 2년 전, 문화재 위원인 단국대 김정신 교수(가톨릭)가 강화읍교회를 세계문화유산으로 지정받도록 하자고 강력하게 제안한 바 있으나 무엇이 그리 바쁜지 차일피일 미루다가 오늘까지 왔다. 아쉬운 것은 간헐적으로 교회를 자근자근 개·보수해 왔다는 점이다. 불가피한 보수이기 때문에 해당 감독 기관의 승인과 지원에서 보수된 것이라고는 하지만 세계문화유산이 되기 위한 심사에서는 어디까지 그 가치를 인정받을 수 있을지 미지수이다.

---

[*] 경기도 유형문화재 제111호, 사적424호. 초대 주교 코프(Corfe, C. J.) 시절인 1900년(광무4)에 건립되었다.

이 교회 건물은 1900년 11월에 완공되었다. 제1대 코프 주교 시절 트롤로프 신부(3대 주교)의 감독 하에 지어진 건물이다. 예부터 강화도는 철종을 비롯해 많은 관리와 학자들이 유배된 곳이며, 근대에 들어 몽골의 침탈을 시작으로 서구 열강들로부터 수없이 침략당했던 슬픈 땅이다. 그러나 단군께 천제를 드리는 마니산이 있는 거룩한 땅이기도 하다. 숙종, 영조 시대 양명학의 거두였던 하곡 정제두(1649-1736)가 강화로 이주한 후, 수많은 사람들이 그를 따라와 학파를 형성한 실학의 땅이기도 하다. 그는 무엇보다 인간의 생도로서 측은지심을 강조하였으며 우리가 잘 알고 있는 사단칠정설의 주창자이기도 하다. 트롤로프 신부가 영국인으로서 물(바다)길을 숙지하고 있었던 탓에 선교지로서 서울과 쉽게 연결할 수 있는 인천과 강화를 선호했다고 할 수 있는데, 이제야 김포를 통과하는 한강의 아라뱃길이 열린 셈이다. 트롤로프 신부는 강화에서 유학자들과 교류하면서 한국의 유교 문화를 익혔을 것이며, 당시 경복궁 재건에 관한 소식도 접했을 것이다.

한국의 모든 향교 건축물이 그러하듯이 관청리 동산 어귀에 향교식 좌향을 잡고 유럽의 교회 터처럼 노아 방주 같은 배 모양의 형지에 대목수를 채용해 교회를 건축하고 중국에서 유입한 유교식 현판을 걸었다. 내부 제단은 비록 청나라 느낌이 있지만 세례대, 독서대는 물론 베드로의 열쇠와 바우로의 칼도 한국식 도상으로 창안해 안치했다. 단점이라면 그 당시 그 마을의 주거 수준에 비해 지나치게 권위적인 건축물이라는 점이다. 유교를 상징하는 회화나무는 얼마 전에 재해로 인해 사라졌고, 불교를 상징하는 보리수나무가 입구 오른편에서 교회를 지키고 있다. 삼문과 단청은 나중에 마련된 것인데 이를 보고 불교 양식이 아닌가 하는 사람들도 있다. 한옥은 세로의 '도리'와 가로의 '보'가 기본 구조이다. 이 둘이 만나는 곳에 기둥을 세우는데 기둥과 기둥 사이의 벽을 칸이라고 한다. 바실리카양식이라고 하는 것은 세로의 도리를 장축형으로 늘려 건축한 것에서 나온 말이다. 한국에서 한옥 양식이란 시공을 초월하는 영원한 양식이다. 일본에 가면 일본 전통식으로 건축한 성공회 교회(교토 교구)가 있다. 고급 한국어를 구사하면서 한국교회사를 전공하고 윤동주를 존경하는 '이즈미 이다' 신부가 사역하고 있는 교회다. 이다 신부님이 은퇴하시기 전에 기회가 되면 한번 방문해 보길 권한다.

강화 땅에는 거룩한 마니산이 있기도 하며, 하곡 정제두가 양명학을 펼치던 실학의 땅이며, 몽골과 서구열강의 상처를 입은 슬픈 땅이다. 지금도 고려성지를 오르면 북한 땅이 보이고 대남방송이 들리는 땅이다. 이 교회 건물은 1900년 11월에 완공되었다. 1900년은 생텍쥐페리가 태어나고 니체가 죽은 해이며, 파리 만국박람회를 통해 조선을 과시한 해이기도 하다.

대한성공회의 역사는 1889년 영국 왕립 해군 군목 코프(고요한) 신부가 캔터베리 대주교로부터 한국 선교를 위해 주교 서품을 받음으로써 시작한다. 첫 선교 캠프가 1890년 제물포에 구축되고 1896년 강화에서 첫 한인 세례자가 탄생한다. 영국국교회(성공회)

소속 선교사 트롤로프(조마가, 후에 대한성공회 3대 주교) 신부는 코프 주교의 명에 따라 첫 선교를 강화도에서 시작할 때 양명학의 고장임을 고려하여 첫 만남을 유학자들과 시작한 듯하다. 그리고 경복궁을 재건할 당시 대목수들의 활약 소식도 들었을 것이다. 모든 향교 건축물처럼 관청리 마을 동산 어귀에 향교식 좌향을 잡고 유럽의 교회 터처럼 구원의 방주를 상징하는 배 모양의 형지에 대목수를 채용해 두만강 유역의 소나무로 정면 4칸, 측면 10칸 크기의 교회를 건축하였다. 가톨릭 북경성당에 있는 기독교교리의 현판을 채용하여 유리창으로 된 성당 전면 기둥에 걸었다. 유교를 상징하는 회화나무와 불교를 상징하는 보리수나무 및 삼문과 단청 등은 현대에도 수용하기 불편한 종교다원주의가 100년을 앞서 시각적으로 표현된 건축물이라고 할 수 있다. 한국에서 한옥양식이란 시공을 초월하는 영원한 양식인 것은 분명하나 강화 본당의 출입문들은 영국에서 수입하여 설치했는데 그 이유는 분명하지 않다. 한옥식 교회지만 영국 문을 통한 구원의 통로를 생각했던 것은 아닐지…. 국내 토착화 교회 건축물로써는 가장 으뜸인 건축물이라고 하지만 한편 건축과 경비 부담의 주체가 영국인임을 감안할 때 이들의 이국적 정서와 유교 지역에서의 선교전략을 혼합시킨 최적의 선교 건축양식이라고 할 수 있다. 전통적인 한국식 목가구 구조에서 유리창의 중층구조에 벽돌로 조적한 벽체는 당시 신 건축 재료를 사용하였고, 바실리카처럼 기둥으로 통로와 회중석 공간을 분절함으로써 예배 처소로 기둥이 시야를 가리는 한옥이 갖는 단점을 보완하였다.

주일이면 강화성당에서 성공회의 고 교회(유향을 사용하는 미사) 감사성찬예식에 참여할 수 있다. 내부에 들어서면 110년 넘게 배인 그 유향 냄새가 영성을 맑게 한다.

안중, 평택, 천호동, 온수리교회

과거에도 언급했던 기억이 있다. 1990년대 이후 신축한 대한성공회 교회 건축물들의 공통된 특징은 광탑 혹은 종탑 부분만큼은 서울 주교좌교회의 종탑을 모방하여 구축하고 있다는 것이다. 누가 강제로 지시한 것이 아님에도 불구하고 이러한 현상이 나타나는 것은 대한성공회 공동체 안에 잠재된 대한성공회의 건축 개념 혹은 특징은 강화성당이 아니라 서울 주교좌교회임을 알 수 있다.

한국 가톨릭교회 건축물들의 공통점은 건물 외부에 가톨릭교회가 주로 사용하고 있는 십자가 형태와 함께 간혹 성모상을 안치하고 있는 것을 본다. 가톨릭교회는 교세가 워낙 크니 교회들도 대부분 대형이고, 그 교단 안에는 건축과 미술을 관리 감독하는 위원회가 있다. 개교회가 교회를 건축하고 미술품을 안치할 때는 이 위원회의 감독과 검증을 받기 때문에 시각적으로 통일성을 유지하게 된다. 교회 건축과 성 미술은 그 교단의 교리와 전례(예배)와 밀접한 관계가 있기 때문에 이것에 대한 권위 기구의 간섭과 통제가 있기 마련이다.

전례를 중시하고 있다고 자부하는 대한성공회는 가톨릭교회와 비교하여 어떤 차별성과 특징이 있는 것일까? 대한성공회는 오랜 기간 '한옥식 목가구 구조' 형식의 교회 건물들을 건축했고 지켜왔다. 아니 지켜왔다고 하기보다는 가톨릭이나 개신교회만큼 교세가 성장하지 않아 신축할 필요가 없었고 기존의 교회를 개보수하면서 온 것이다. 그러나 타 교단은 성공회의 이러한 속사정은 모른 채 토착화 정신을 잘 유지해 오고 있는 교단으로 평가하고 있는 것이다. 이제는 개보수하기도 어려울 만큼 세월이 흘러 기존 교회를 허물고 신축할 수밖에 없게 된 상황에 직면하게 되면서 몇 교회들이 신축하게 되었다. 우리 안에 진정으로 토착화를 유지하겠다는 정신이 있다면 신축 건물들도 최소한의 한옥의 건축 개념이라도 도입했어야 한다. 그러나 우리는 건축과 미술 위원회도 없었고, 후에 태동은 하였으나 이 위원회에 의뢰하거나 검증받은 경우는 거의 없었다.

1990년대 이후 신축한 교회 건물로서 대표적인 것은 안중, 평택, 천호동, 온수리교회 등이다. 팽성(구, 객사리)교회는 도시계획에 의한 탓도 있었지만 그 훌륭한 한옥식 건물은 자취를 감추고 말았다. 용인교회도 사라지지 않을까 불안했지만 보수하여 그 자리에 위치하고 있는 것은 퍽 다행이다. 온수리교회는 문화재인 덕에 한옥성당을 잘 보존하고 있는데 이삼 년 전 기둥관리에 문제가 있어서 보수한 바 있다.

앞서 지적한 것처럼 위에서 열거한 교회들은 한결같이 주교좌교회 종탑을 모방하고 있다. 이것이 교인들의 자부심이며 성공회의 상징이라는 인식의 표출이라고 한다면 자연스럽게 구축된 이러한 종탑 형상이라도 잘 지켜간다면 좋을 것이다. 그러나 이러한 형태의 종탑이 본당 건물과 조화하는지는 살펴보아야 한다. 종탑 형태만 통일성을 갖는다면 자칫 우스운 건물이 될 가능성이 높다. 지금이라도 기존의 교회 건축 미술위원회를 활성화하여 신개축하는 모든 성공회 교회 건축물의 외형과 그 내부의 성 가구까지 전례에 적절하며 성공회 상징을 드러낼 수 있는지에 대한 검열이 필요하다고 생각한다. 획일화하자는 의미가 아니다.

옥스퍼드와 캠브리지의 고교회 운동

존 러스킨(1819-1900)과 윌리엄 모리스(1834-96)는 19세기 중엽, 유럽과 영국에 중세적인 낭만주의가 한창일 때 영국 교회(성공회)의 전례를 중세 로마 가톨릭교회 전례로 되돌리려고 했던 대표적인 인물들이다. 러스킨은 건축가 퓨진(Pugin, 1812-52)과 함께 고딕 복고양식으로 많은 교회를 설계했다. 퓨진은 과거의 종교 개혁(말씀 중심)이 영혼을 메마르게 했다고 불평하며 1835년 로마 가톨릭교회로 개종했다. 러스킨은 '교회는 곧 고딕'이라고 주장하고 이에 관한 책을 발간하였는데, 그의 건축과 예술이론은 오늘날에도 수많은 건축가와 예술평론가의 고전이 되고 있다. 모리스는 영국 교회 안에서 옥스퍼드 전례운동(가톨릭 전례)이 한창일 때 성공회 사제가 되기 위해 옥스퍼드대학에 입학했다가 러스킨의 영향을 받고 전공을 건축과 미술로 바꿨다. 기계로 생산된 물건에는 미적 가치가 없다고 주장하며 '손과 망치'로 물건을 생산했던 중세시기의 공방을 재현하고 직접 수공예 작품을 출시했다. 그가 꿈꾸던 사회는 기독교 정신에 기초한 사회주의였지만 실제로 그의 공방에서 생산된 수공예품들은 고가였기 때문에 일반 시민들은 정작 누리지 못했다. 그의 벽지 디자인과 책 디자인, 색유리, 타일은 오늘날까지 세계 곳곳에서 모방하여 재생산하고 있다.

이 두 사람은 기계로 인해 직장을 잃게 된 무산계급 사람들을 공방으로 불러들여 일자리를 마련해주고자 했다. 모리스는 시민들의 행복을 위해서 좋은 물건을 생산하기보다는 이들을 사회주의자로 양성하는 것이 더 중요하다고 생각했던 사람이었다. 레타비는 이 두 사람의 영향을 가장 많이 받았던 사람이었고, 딕슨은 레타비의 영향을 받았던 사람이다. 당시 미술 공예가들이 모두 사회주의자였다고는 할 수 없지만 딕슨의 계보를 보면 기독교 사회주의 사상을 지녔던 사람이었다고 추정할 수 있다.

옥스퍼드대학의 전례 학자들은 케임브리지대학의 건축학도들과 함께 『교회 건축 연구가』라는 책을 출간하였는데 후에 이것이 케임브리지대학의 '캄덴 학회'가 되었다. 전례 학자들은 '트랙타리안'이라는 신학 소책자를 통해 자신들의 전례 신학을 주장을 했으며, 캄덴 학회는 교회 설계와 비평에 관한 책을 통해 트랙타리안들이 일으켰던 '고교회 전례운동'에 적합한 고딕 건축과 전례의 조화를 연구하였다.

서울 주교좌교회가 건축될 당시 영국은 일시적으로 비잔틴/ 로마네스크양식이 유행했는데, 이때 딕슨은 레타비와 함께 이 시류에 합류했던 사람이다. 트롤로프 주교가 영국으로 귀국하여 버밍엄에서 목회할 때 그 교회 신자 회장이었던 딕슨에게 고딕 복고 양식으로 서울 주교좌교회 설계를 부탁하였다. 딕슨의 전공은 로마네스크였고 서울을 방문하여 정동지역을 탐사한 후 비잔틴/로마네스크 양식으로 설계하게 된 것이다.

1926년 서울

1926년 설날 전날, 서울의 북촌 떡국집과 고무신 가게, 포목점만 문을 열고 종로의 대부분 가게는 문을 닫았다고 한다. 그러나 주로 일본인들이 모여 살았던 명동과 충무로 일대는 모든 가게와 회사가 문을 열고 학교도 정상 수업을 했다는 기록이 있다. 식민치하였지만 한국인의 설날 문화는 막을 수 없었던 것 같다. 그리고 같은 해 10월 1일은 조선총독부 건물의 낙성식이 있던 날이다.

1919년 3.1운동을 계기로, 1925년은 일본이 천황 통치체제를 부정하는 운동을 단속하는 치안유지법을 제정했던 해로서 식민정치가 최고조에 달했던 시기이기도 하다. 그 이듬해인 1926년은 서울 장안에 수많은 서양식 건물이 완성된 해이기도 하다. 서울 기차역사, 서대문 형무소, 서울대학교 의과대학, 덕수궁 석조전, 그 뒤편의 옛 구세군사관학교, 옛 대법원 건물이었던 서울미술관들이 그 대표적인 건물들이다. 그리고 성공회 서울 주교좌교회도 완공(?)되었다. 특히 정동 지역은 아펜젤러, 언더우드를 비롯한 서양 선교사들과 외국공관 및 외교관들이 거주하던 지역이기도 했다. 덕수궁과 미 공사저택(대사관저)을 관찰하던 러시아 공사관이 언덕 위에 있었다. 덕수궁은 고종이 황제로 즉위했던 궁이며, 1905년 10월 21 야밤에 일본의 압력으로 을사보호조약을 체결했던 슬픈 건축물이다. 고종은 1852년생이고 딕슨은 1857년, 그리고 당시 총독이었던 사이토는 1858년생이었다. 그와 가까운 지인이었던 바람에 소성당에 안장된 트롤로프(조마가) 주교는 고종보다 10살 아래인 1862년생이었다.

역사란 되돌릴 수 없으며 이렇게 전개되었더라면 하는 가정도 성립될 수 없는 것이 역사이다. 그러나 당시로 되돌아가 사료를 기반으로 삼아 그 시대를 추체험할 수 있으며 이것을 해석하는 눈이 사관이다. 성공회 모든 구성원은 주교좌교회 건축물을 몹시 사랑하고 자랑스러워한다. 그러나 1926년은 일제 식민지 지배가 극에 달했던 시기였으며 궁 옆에는 서양식 건물들이 에워싸기 시작했던 시기였다. 이미 조선인들은 1890년 프랑스 외방 선교사들에 의해 진고개 언덕 위에 지어진 네오 고딕풍의 명동 가톨릭성당을 보았고, 1898년에는 후에 이승만 대통령이 출석했던 서양식 벽돌조의 정동 제일감리교회를 목격한 바 있었다.

1926년 갓에 두루마기를 입은 한양시민들이 덕수궁 끝 터에 자리 잡은 로마네스크풍의 이국적인 주교좌교회를 지나가면서 궁금하여 한 번쯤 들어가 구경해 보고 싶다는 생각만 했을까, 아니면 혀를 차고 한숨을 내쉬면서 또 하나의 서구 침략물이 궁까지 점령했다고 생각했을까? 지금은 자랑스러운 건축물이지만 1911년 일본과 영국이 제3차 영일동맹을 맺고, 1922년 미국의 아시아 등장으로 인해 영일동맹이 종료(워싱턴회의)된 이후 1945년 해방될 때까지 서울 주교좌교회 건물은 한국인들 눈에 어떻게 비친 건물이었을까? 또 1926년 당시 성공회 교인들의 역사 인식은 어떠했을까? 2016년에 새삼 과거를 돌이켜 물을 이유는 없지만 모든 수입품은 언제나 자랑스러울 수만은 없었을 것이라는 점이다.

레타비 (W. R. Lethaby)

성공회 서울 주교좌교회(1917 설계, 1차 건축 1922-1926)의 건축 양식이 로마네스크풍이라는 것은 모양새만으로도 알 수 있다. 그 특징은 창문 형태가 반원형이라는 점과 십자 형태의 건물 지붕 중앙에 빛을 받아 실내로 들이는 광탑이 있는데, 주교좌교회는 종탑이 자리하고 있다. 그리고 출입문 위에 두 개의 쌍탑이 있다는 점이다. 이탈리아 로마네스크 건축물은 탑이 본당과 분리되어 세워지는데 그 대표적인 것이 피사성당의 탑이다. 서기 600-900년 당시에는 건축술과 건축 재료의 한계로 인해 주로 그 지역의 돌로 축조하였는데, 지붕무게를 지탱하기 위해 벽체에 창을 작게 낼 수밖에 없었다. 따라서 실내는 어두울 수밖에 없었고 명상에 적절한 수도원으로 사용하기에 적절했다. 그리고 이 양식의 교회들은 당시 성지 순례자들을 위해 교회 내부통로(회랑)를 잘 발달 시켰다. 서울 주교좌교회는 벽돌로 조적하여 구조가 약해 이층 회랑을 만들지 못하고 창문 흉내만 내고 이를 벽돌로 막았는데 이것을 눈먼 창이라고도 한다.

서울 주교좌교회의 설계가는 영국인 아더 딕슨(Arthur Stans-feld Dixon, 1857-1929)인데 그의 부친인 죠지 딕슨은 영국 버밍엄시 시장과 국회의원을 지내고 교육계에 몸담았던 유명한 사람이다. 아더 딕슨은 옥스퍼드대학에서 건축학 석사학위를 받고, 영국에서도 가장 아름답기로 유명한 버밍엄 근교인 코츠월드(Cotswold)에서 주로 살면서 버밍엄에 몇몇 교회를 설계한 바 있다. 그러나 주목받을 만큼의 건축물들은 아니다. 서울 주교좌교회야말로 그의 인생최고의 역작이며 걸작이라고 할 수 있다. 딕슨이 트롤로프 주교의 요청으로 1917년에 주교좌교회를 설계하기 직전까지 그는 건축설계보다는 수공예에 깊이 관여하면서 버밍엄 지역의 미술공예 운동을 이끌었다. 그는 주로 교회용 은촛대, 은주전자 등을 디자인하고 수제작을 하였는데 현재는 그의 작품이 희귀하여 미국 소더비 경매에 나올 만큼 예술적 가치가 있다. 현재 서울 주교좌교회가 소장하고 있는 대표적인 것으로는 자개로 제작한 '주교 좌'를 들 수 있다.

모든 사람이 그렇듯이 딕슨도 그 시대정신과 몇몇 특정인의 영향을 강하게 받았는데 그중 한 사람이 레타비(W. R. Lethaby, 1857-1931)라는 인물이다. 딕슨과 동갑이었는데 레타비가 2년 더 살았다. 레타비는 1902년에 현재 런던 왕립예술학교의 미술공예학과장직을 수행하면서 웨스트민스터 사원의 측량과 보수 조사를 의뢰받고 이를 수행하기도 했다. 레타비의 가장 큰 업적은 무엇보다도 『건축, 신비주의, 신화』, 『비잔틴 건축』이라는 그의 저서를 들 수 있다. 이 책이 당시 영국 및 유럽의 건축과 디자인계에 미친 영향은 실로 대단했다. 1920-30년 사이에 버밍엄에는 벽돌조적 비잔틴, 혹은 로마네스크 양식의 교회 건축물이 유행처럼 축조되었는데 이때 딕슨은 레이놀드와 함께, 레타비와 깊이 학문적 교류를 하며 버밍엄 지역에 '비잔틴 연구 모임'을 결성하였다. 책 제목에서도 짐작할 수 있듯이 레타비는 종교의 근원과 현상, 동양의 풍수를 넘나들며 이를 건축과 디자인에 적용할 건축철학을 제시했다. 언젠가 번역하고 싶은 고전이다.

조지 워싱턴 헨리 잭
(Georgy Washington Henry Jack)

대성당을 설계한 딕슨은 1857년생이었고, 대성당 제단 정면 모자이크를 설계한 조지 잭은 딕슨보다 두 살 위였다. 건축가이며, 수공예가이었던 딕슨이 처음 잭을 어디서 어떻게 만나 서울 주교좌성당의 모자이크 설계를 의뢰하게 되었는지에 관한 기록은 찾을 수 없어 알 수 없지만 추측할 수는 있다. 조지 잭은 뉴욕 근처 롱아일랜드에서 요판(금속, 유리 세밀 조각) 조각가의 아들로 태어났으니 수공예의 DNA를 갖고 태어난 사람이라고 할 수 있다. 부친이 일찍 별세한 후 피아니스트였던 모친과 형제들이 함께 영국 글래스고로 이주했는데 그곳에서 잭은 건축가 브롬헤드(Bromhead)로부터 건축 수업을 받았다. 브롬헤드는 글래스고로 오기 전에 뉴욕에서 활동했던 사람으로 잭의 부친과 오랜 기간 지인이었던 것 같다. 추측건대 조지 잭의 모친은 자식들을 데리고 브롬헤드를 찾아 글래스고로 이주했던 것이 아니었을까 싶다.

그 후 1859년에 잭은 윌리엄 모리스를 위해 영국 켄트주 벡슬리

히스에 '붉은 집'(Red House)을 설계했던 유명한 건축가 필립 웹(Philip Webb, 1831-1915)의 사무소에서 일했다. 1900년 웹이 은퇴한 후 잭은 필립 웹의 자리를 이어받아 그 지역의 많은 전원주택들을 설계했다. 잭은 1880년 25세의 나이에 진흙과 나무로 세밀 작업을 시작한 이래, 35세 되던 1890년에는 윌리엄 모리스 공방의 가구 디자인 담당자로 일을 하게 되었다. 잭은 가구 디자인뿐만 아니라 모자이크와 스테인드글라스까지 자신의 작업 범위를 확장해 갔고, 레타비와 함께 지금의 '왕립예술학교'(Central School) 교수로 재직하면서 학생들에게 목공예를 가르쳤다. 그동안의 미술공예 계보를 살펴보면 모리스, 웹, 레타비, 잭, 딕슨이 하나의 계보인 셈이며, 딕슨이 잭을 알게 된 것은 매우 자연스러운 일이었을 것으로 추정된다.

조지 잭의 대표적인 작품으로는 서울 주교좌교회 제단 모자이크를 비롯하여 영국 빅토리아역 근처에 자리하고 있는 가톨릭 '웨스트민스터 대성당'의 '성 앤드류 채플' 모자이크이다. 이 모자이크는 대성당의 현대식 모자이크와는 다르게 비잔틴 화풍으로 제작되었다. 특히 잭이 디자인하고 상감을 한 가구는 유명하다. 그리고 1903년에는 '미술사회 이야기'(The Fine Art Society Story, Part1) 제1부를 저술하기도 했다. 어린 나이에 영국으로 이주해 유명한 건축가 웹 밑에서 그와 함께 건축 일을 했고, 그 후 모리스 가구 공방에서 일을 하며 모자이크의 영역에도 재능을 떨쳤다. 조지 워싱턴 헨리 잭(Georgy Washington Henry Jack, 1855-1932)이 1893년

나무로 상감한 캐비닛 작품 한 점을 소개한다. 당초 문양에 고풍스러운 멋은 모리스의 영향이다. 본래 잭이 주력했던 종목은 가구 디자인이었다. 서울 주교 의자는 딕슨이 자개로 설계한 것인데 의자 형태는 잭의 도움을 받아 제작했을 가능성도 있어 보인다. 그리고 대성당 모자이크는 비잔틴식 제단 중앙 벽면에 인물의 형상을 현대화한 그의 역작이다. 언제부터인지 조명의 영향으로 회중석에서 예수 그리스도(판토크레이토)의 왼쪽 눈이 감긴 것으로 보이는데 교정했으면 하는 바람이다.

건축과 전례

　교회 건물은 신탁을 받던 그리스 신전과는 다르게 사람들이 한 공간에 모여 기도하고 예배하기 위해 비바람을 막을 천장과 벽이 필요했다. 초기 기독교는 전례가 안정되지 않았고 신학도 발전 초기 단계였기 때문에 교회를 어떻게 만들어야 하는지를 몰랐다. 비록 교회는 아니었지만 박해 기간에 지하무덤에서 모여 예배드렸던 것을 상기하며 예배를 가장 잘 수행할 수 있는 기존 세속 건물과 공간을 찾았는데 이것이 바로 지역의 회당(바실리카)이다. 회당은 장방형(직사각형)의 지역 공공건물로서 공공집회, 재판 등이 열리는 실내 공간이었다. 내부 공간 맨 끝에 제단을 설치하고 공간 안에 들어와 서서 함께 예배를 드렸던 것이 초기 교회의 모습이다. 이후, 전례와 신학의 발전과 함께 교회 건축에서 예배 공간의 위계와 배치가 점차 자리를 잡아가면서 전통이 되기 시작했다. 건축의 외형은 당대의 건축술과 재료, 신학과 유기적으로 연관을 갖고 축조되어 특정한 양식(비잔틴, 로마네스크, 고딕 등)을 만들어 냈다.

　모든 종교에는 상징적인 방향성이 있는데 불교는 북향배례를,

이슬람은 서향배례를 한다. 한편 기독교는 성탄일을 12월 25일로 설정한 것처럼 태양신 숭배에서 유래한 듯 제단을 동쪽에 둔다. 중세기에는 지형적으로 불가피하게 동향이 아닌 남동, 혹은 북동에 제단을 설치할 경우에도 제단이 있는 곳을 동쪽이라고 선포하면 믿었다. 그것이 교회의 권위였다. 전례를 중시하는 동방교회는 정사각형, 혹은 원형이나 8각 평면 구조에 둥근 천정(돔)을 지키고 있으며 서방교회인 가톨릭교회와 성공회교회는 직사각형에 양옆 날개가 있는 라틴 십자가형 평면 구조에 십자가 교차하는 중앙 천장에 광탑을 둔다. 내용이 형식을 구축한다는 말처럼 전례가 유사하니 공간배치도 유사한 것이다.

개신교회는 서방교회에서 분파(종교개혁)된 교파들로서 라틴십자가형 평면구조, 혹은 직사각(장축)형의 형태를 지닌다. 수많은 개신교단들 중에서 같은 장로교단일지라도 서로 반목을 하는 경우가 많다. 장로교는 칼뱅 신학 노선을 따르는데, 서로 그 신학적인 차이가 얼마나 있겠느냐 생각할지 모르지만 그 작은 차이의 해석은 교단 정치로 이어져 수십 개의 장로교파들을 생산하고 말았다. 그래도 교회 공간을 보면 감리교, 성결교, 장로교 할 것 없이 대부분 비슷하다. 실제로 개신교회들은 신학이 서로 다르다고 주장하지만 예배 양식에서는 차별성이 없어 보이고 예배 순서만 조금 다를 뿐이다. 긍정적인 측면에서 교회 건축과 예배에서는 처음부터 분열이 없었다고 할 수 있다. 예배가 그 교단의 시각적 신학이라고 본다면 신학적인 문제는 명분이었고, 교단 정치 때문에 분파된 것이 아닌가 싶다. 교회 건축은 일치했지만 교단, 교파일치는 요원해 보인다.

이 점에서 성공회 교회의 예배 공간은 전 세계가 유사하다. 굳이 다른 점이 있다면 고교회와 저교회일 텐데 저교회도 제단을 설치하여 감사성찬예식을 드린다. 이것은 세계성공회가 신학과 전례를 하나로 공유하고 있다는 의미이기도 하다. 오늘날에는 세계성공회에서 유향을 사용하는 고교회가 점차 사라지고 있다. 시대가 변화했음에도 불구하고 교회만 중세 봉건시대의 주교 권위가 21세기까지 이어지고 있다는 것에 불편한 시각도 있을 것이고, 시대가 변해도 신앙의 특수성 때문에 전통을 지키려는 입장도 있다. 감사성찬예식문의 단어들이 현대어로 바뀌었지만, 설령 그 내용을 잘 모를지라도 옛 고어(한자)에서 종교적 감성을 더 풍성히 느끼는 신자들도 있다. 라틴어를 모르지만 라틴어 미사에 은혜받았던 옛 신자들의 종교적 정서를 이해할 수 있을 것이다.

대한성공회 정체성, 만용

성공회대학교에는 성공회 역사자료관이 있다. 이 공간은 과거 대한성공회 선교에 대한 선교사들의 문헌, 사진들과 유품을 정리하여 분류 보관하고, 방문자 혹은 성공회 관련 연구자들에게 도움을 주는 곳이다. 성공회 교단의 재정문제로 인해 개관부터 대학이 운영하고 있는 작은 박물관 같은 곳으로 송레오 선생님께서 성공회출판사를 퇴직하시고 10년 이상 무보수로 봉사하고 계신다. 최근 성공회대학교 도서관 안에 '성공회 콜렉션'을 마련하고 성공회와 관련된 서적을 기증받거나 구입하기 시작했다. 성공회 교단을 존중하는 도서관장의 노력이다. 교단이 설립한 대학의 도서관 안에 교육적 정체성의 근원을 자타 공히 명확히 하는 것이 중요하다고 생각했던 것 같다.

얼마 전 관장으로부터 성공회 도서 수집을 위한 자료검색 용으로 세계성공회를 특징지을 수 있는 중요 단어를 알려달라는 요청을 받았다. '헨리 8세, 엘리자베스 1세, Anglican Church, Episcopal Church, via media, 캔터베리 대주교, 람베스 회의(Lambeth Conference), 옥스퍼드 운동, 고교회, 성서 전통 이성, 포용성'을 쓰고 나니 더 떠오르지 않았다. 성공회대 사제 총장이 이 정도면 일반 사제와 평신도들은 이외에 어떤 단어들을 더 떠올릴 수 있을지 궁금했다. 물론 성공회 관련 용어는 헤아릴 수 없을 만큼 많지만 정체성을 드러내는 주요 단어를 찾는 것이다. 이 밖에 리차드 후커, 맨하튼 트리니티 교회, 런던 성 바우로 성당 등, 세부적으로 찾으면 헤아릴 수 없이 많겠지만 특히 현대 성공회의 정체성을 드러낼 단어가 무엇인지는 정작 떠오르지 않았다.

대한성공회의 정체성을 드러낼 단어로는 무엇이 있을까? 과거 선교사 주교 이름 외에는 이천환, 김성수 등이 있고 주교님들 이름을 제외하면 강화읍교회, 서울 주교좌교회, 또 교회 건축물들을 제외하면, 나눔의 집, 성공회대학교가 있다. 그러나 이러한 이름들이 대한성공회의 정체성을 말해주지는 않는다. 성공회 내부 구성원들이 주장하고 있는 성공회의 정체성과 외부에서 바라보는 성공회의 정체성은 다를 수 있다. 정체성이란 긴 세월 전통으로 이어오고 있는 그 단체만의 특징이나 특질이다. 정당은 보수, 진보, 중도를 정체성으로 내세운다. 타 교단과 견주어 세계성공회의 정체성의 핵은 분명히 '성서 이성 전통'을 기반으로 한 '포용성과 중용성'이라고 할 수 있다.

그렇다면 대한성공회의 정체성도 포용성과 중용성일까? 지나온 대한성공회 역사를 돌아볼 때 혹 '만용'이었던 시기는 없었을까 반성해 본다. 교구를 치리하는 중에 발생하는 사안에 대하여 최종 결정하는 책임자는 교구장 주교이지만 대부분 상임위원회, 혹은 교무구 총사제 회의, 각종 위원회 회의를 거쳐서 의견이 수렴된다. '주교 중심의 교회'라는 말이 무슨 의미일까? 교구장 주교 한 분이 모든 성직자의 인사권과 교구 재정권을 다 거머쥐고 위원회의 의결을 무시한 채 자의적으로 교구를 치리할 수 있다는 뜻일까? 사안에 따라 그럴 수도 있을 것이다. 그러나 그것이 되풀이되면 남용이나 만용이 된다. 남용과 만용을 한 결과에 대해 최고 결정권자가 그 어떤 책임도 지지 않으려고 한다거나 책임이 없다고 주장한다면 그 교단은 문을 닫는 것이 옳다. 적어도 세속단체도 그러지는 않기 때문이다. 우리는 개신교회가 지배 구조 혹은 재산 문제, 목회자의 비리와 도덕성 문제로 분열되고 세속법정으로 가는 것을 수없이 보고 있다.

대한성공회는 130여 년 동안 이런 문제가 발생하지 않았고 앞으로도 발생하지 않을 것이라는 자부심을 갖고 있었다. 분열될 조짐이 있을 때는 언제나 타협했고 화해해 왔다. 그러나 언젠가부터 대한성공회도 소수 대형 개신교회 당회장의 추한 행태를 비난하기 어려운 국면을 맞이하기도 했다. 대한성공회에서라도 남용과 만용의 욕망은 막아야 한다.

성공회의 전도

　대한성공회가 대한민국에서 새로운 신자를 한 명 전도한다는 것은 일천 명 규모의 개신교회가 한 번에 50명을 전도하는 것 이상으로 힘들다. 여기에는 몇 가지 외부적인 이유가 있다. 과거 전국성직자 연수 때마다 전도가 잘 안 되는 원인을 찾아 분석하고 대안도 마련해 보았으나 그 성과는 여전히 미미하다. 개신교회에 비해서 사제들과 교우들의 전도 방법이 취약한 것을 전제하더라도 성공회를 둘러싼 외부적 환경도 녹록지 않다는 점이다. 변명이라고 일축할 수 있겠지만 아무리 고등교육을 받은 시민이라고 할지라도 성공회에 관해 아는 지식이란 대체로 고등학교 시절, 세계사 시간에 한두 줄 등장하는 내용과 영화 '천일의 앤'을 본 것이 전부인 경우가 대부분이다. 그 내용도 헨리 8세가 결혼하기 위해 교황청과 결별하고 만든 교단이라는 부정적인 이미지가 강하다.

　성공회는 영국 국교회로 미국과 영연방 국가에 주로 퍼져있는 교단이다. 수년간 미국 유학을 다녀온 사람들조차 미국에서 여러모로 가장 영향력이 있는 'Episcopal Church'가 성공회라는 것조차 모르고 귀국한다. 한국에서는 성공회가 'Anglican Church'라는 용어를 사용하고 있기 때문이다. 정작 영연방국가에서는 'Anglican Church'라는 용어를 사용하지 않고 영국 국교회처럼 'Church of Canada'와 같은 식으로 사용하고 있다. 한자문화권인 일본, 홍콩, 싱가포르, 대만, 한국은 한자로 聖公會라고 쓰지만 이것이 'Anglican Church, Episcopal Church, Church of England, Church of Canada'와 동일한 교단임을 알고 있는 시민들은 극히 드물다. 가톨릭, 장로교, 감리교와 같은 교단이 전 세계에서 동일한 영어를 사용하고 있는 것에 비해 성공회는 소위 국가 단위의 토착화라는 명분으로 서너 가지를 다양하게 사용하고 있다.

시민들에게 성공회가 위에서 열거한 교회들을 포함한다고 일일이 설명하고 설득하여 교회 안까지 인도했을지라도, 이들이 성공회 예배에 처음 참석했을 때 받는 작은 충격은 그다음 일보 진전하는 데 걸림돌이 된다는 것을 경험해 보았을 것이다. 서울 주교좌교회를 제외한, 작은 성공회 예배 공간에서 대성당에서나 진행해야 적절한 전례를 체험하는 사람은 가톨릭교회도 아니고 개신교도 아니며 더구나 사제가 결혼했다는 것에 대해 무슨 사이비 유사 짝퉁교회가 아닌가 하는 의구심을 지닐 우려도 있다. 가톨릭과 전례가 비슷하다면 시민들은 잘 알려진 가톨릭교회로 가지 군이 성공회로 올 이유가 어디 있겠느냐는 것이다.

종교도 백화점 같아서 전 세계 수많은 교단, 교파들과 비교하여 독특한 차별성이 있어야만 현대 지식인들을 성공회로 전도할 수 있게 되었다. 영국을 비롯한 영연방 교회들이 대부분 성공회라는 설명 하나로는 한국 사회에서 성공회가 이단이 아니라는 정도의 해명밖에 되지 않는다. 그동안 열심히 해오고 있는 사회선교도 이제는 모든 종교단체들이 하고 있다. 정치적·종교적 진보성을 따진다면 한국기독교장로회뿐만 아니라 대한예수교 장로회 통합측도 만만치가 않은 교단이 되어가고 있다.

교회 일치에 교량 역할을 하는 것은 분명하나 일반 시민들에게는 그것이 성공회 신자가 되고 싶은 매력으로 작용하기에는 부족하다. 자랑을 한다면 강화읍성당과 온수리 옛 성당, 그리고 서울 주교좌성당의 건축물이다. 이 건축물들은 정말 대한성공회의 대단한 자랑거리인데 서울 주교좌성당을 제외하면 시골에서는 고색의 한옥식 건축양식을 전도와 연결하기도 쉽지 않다. 또 하나 자랑은 성공회대학교인데 이것도 평범한 시민들에게는 그다지 좋은 이미지가 아니다. 그러니 한국 사회에서 성공회가 처한 상황은 불리한 것이 90%이다. 과거에는 성직자(주교) 인물이 한몫을 한 적도 있었다. 이제 시대는 변했고 교인 수도, 인구수도 점차 줄어가고 있으며 신자 회장 선출에도 난항을 겪는 상황이 되었다. 늦었지만 대한성공회는 요즘 대학처럼 특단의 특성화 조치가 있어야 한다.

선교교회 건축 (1)

교세를 확장(전도)해가는 점에서 대한성공회는 다른 교단과 비교할 수 없을 만큼 미진하다. 최대교세를 자랑하는 순복음교회의 역사는 대한성공회보다 분명히 짧다. 성직자 연수 때마다 선교(전도)가 미진한 원인을 찾아 분석하며 특강도 들어보지만 눈에 띄게 진척되지는 않는 듯하다. 이것에 관해 누군가에게 책임을 묻거나 성공회 공동체가 선교에 대한 열정이 부족하다고 탓할 수만은 없다. 알다시피 일선 목회자들이 선교를 위해 최선을 다하며 고생하고 있는 것을 목도하고 있기 때문이다. 사회복지기관과 대학교에도 선교를 기대하지만 이것도 신통하지 않다. 한국 젊은이들이 바라보는 성공회란 가톨릭과 개신교 사이에 끼어 있는 어정쩡한 모습이어서 이들이 선뜻 다가가기에 무언가 불편한 점이 있기 때문인지 모른다.

그래도 과거의 성공회 공동체는 지금보다는 성공회 성직자, 성공회 신자라는 자부심이 대단했던 것으로 기억한다. 그러나 그 자부심이 오히려 교세 확장에 영향을 미치지는 못했던 것 같다. 행인이 교회 건축물이 궁금하여 교회 문 앞까지 오도록 하는 것은 건축가의 몫이고, 교회 안으로 들어온 순간부터는 그 교회의 목회자 몫이라는 말도 있다. 그래도 대한성공회는 지난 수년간 많은 교회를 개척하였다. 문제는 초기 선교 비용이 너무 적어 월세집을 구해도 그 모양새가 초라하기 짝이 없어서 주변 주민들에게 어떤 매력을 주지 못한다는 점이다.

성공회대학교 인근에 있는 성공회 교회들을 보면, 먼저 대학구내에 있는 대학교회 그리고 항동교회, 부천교회, 부평교회가 있다. 대학교회는 제외하더라도 나머지 세 교회도 성공회 교회가 대부분 그러하듯이 중소 교회들이다. 전부터 없었던 이야기는 아니지만, 이 세 교회를 하나로 통합한다면 인근 신도시에 매력 있는 중형 교회 건물 하나를 신축할 수 있다. 교회를 상업적 가게에 비유하는 것은 용서받지 못할 비유이나 구멍가게가 대형 마켓으로 성장하는 것보다는 중형 가게가 대형 마켓으로 성장하기가 훨씬 쉽다는 점이다.

대학이 학과 이기주의로 인해 교육구조 개혁이 난항을 겪고 있듯이 교단도 개교회 이기주의로 인해 통합은 용이하지 않을 것으로 생각한다. 그러나 지금 대한성공회는 지역 조정의 용단을 내려야만 국내 수많은 교단과 교회들과의 경쟁에서 살아남을 수 있다. 이 일은 교구장 주교 혼자 강제 명령으로 할 수 있는 것이 아니고 지역 전도구 교회의 사제들과 신자들의 합의를 통해 가능한 것이 성공회이다. 통합교회가 최소 300여 명의 교인을 삼사 년 정도 유지한다면 다양한 선교 프로그램을 계획하고 진행할 수 있으며, 그 프로그램들이 다단계와 같은 나비효과까지 창출할 수 있을 것이다. 그리고 어느 정도 성장한 후에 교회를 다시 둘로 나누어도 되지 않을까 싶다. 말하기는 쉽다고 해서 실행할 엄두조차 내지 못할 일도 아니라고 생각한다. 지금 이 상태로 안주하겠다고 한다면 지금의 대한성공회에 대해 만족하며 불평도 없어야 한다.

불가피하게 낯선 곳에 교회를 개척해야 할 경우, 아무리 선교 정신이 훌륭하고 프로그램이 좋아도 시각적으로 초라한 개척교회에 눈길을 주는 시민은 더 이상 없다. 그것은 1970년대에나 가능한 일이었다. 교회 건물은 한눈에 교회로 보이거나 아니면 아주 단순한 것이 좋다. 선교 교회인 경우에는 비용상 단순한 건물일 수밖에 없기 때문에 최소한의 장식만 있으면 족하다. 그 장식은 차별성 있게 요란해서는 안 되며 미적으로 밀집된 성공회의 상징이면 좋을 것이다. 이것을 개발하는 것이 어려운 것이 아니라 공동체의 전반적인 미적 취향의 수준을 고양하는 일이 더 어려운 일이다. 제 눈에 안경일 수만은 없는 세상이기 때문이다. 이것은 중형 이상 규모의 교회 건물일 경우도 마찬가지이다.

선교교회 건축(2)

일정 구역 안에 소재하고 있는 몇 개의 작은 전도구 교회들을 통합하여 중대형 교회로 재편성함으로써 선교를 활성화하는 방안도 있지만, 양적 증가를 제일의 목표로 삼지 않는다면 20명 내외 단위의 다양한 믿음 공동체를 조직하여 활성화하는 방안도 있을 것이다. 예를 든다면 '걷는 교회'와 같은 성격이다. 그러나 이런 형태의 교회는 특수목적 선교가 아니면 자칫 믿음 친교단체로 전락할 가능성이 있다. 이러한 소단위 교회는 기존 교회들보다 유지비가 현저히 적게 들지만 이 공동체를 담당하는 사제의 사례비가 그 공동체 안에서 큰 짐이 될 수 있다. 이런 교회들은 상시적인 교회 건물이 필요하지 않을 수도 있고 기존교회의 한 공간을 잠시 빌려 사용할 수도 있다. 주일 날, 혹은 주중에 목적하는 현장을 방문하여 예배하고 노동할 수 있고 토론할 수 있다. 이런 형태의 공동체는 결속력이 높은 만큼 와해될 변수도 높다.

주님이 원하시는 선교와 복음화, 교회론에 관해 건강한 신학적 입장이 굳건하고, 복음을 몸으로 실천한다면 어느 장소, 어떤 형태,

어떤 규모이든 그것도 교회라고 할 수 있다. 그러나 성공회는 주교를 중심으로 다양한 의결기구를 통해 운영되는 선교기구이다. 따라서 이런 형태의 선교기구를 교회로 인정하더라도 성공회 공동체로 수용할 것인지의 판단은 또 다른 문제이다. 성공회는 교구장의 허락 없이 사제가 개척한다거나, 자신 소유의 토지 위에 자비로 건축비를 부담하여 교회 건축을 한다고 해서 그 교회를 개인 소유화하는 것은 불가능하다. 대한성공회라는 이름을 사용하고 있는 모든 교회와 기관은 대한성공회 법인 유지재단에 그 소유권이 속하게 된다. 특별한 경우 개인 소유의 교회 신축과 개척을 허락할 수 있는지는 모르겠으나 개신교회처럼 이 점을 융통성 있게 활용한다면 교회 개척이 조금 더 활성화될 수는 있을 것이다.

현대 사회에서 종교기관들은 백화점과 유사하다. 고객들은 특별한 경우 시골 5일 장터에 가거나 동네 작은 마트를 이용하기도 하지만, 다양한 물건들을 선택할 수 있고 손님으로 환대 받으며 부대시설을 즐길 수 있는 대형백화점을 선호한다. 최근에는 해외 직구가 유행하여 백화점들이 다양한 대책을 마련하여 제시하고 있다. 대학도 MOOC, 유튜브, 인터넷 사이버 강좌 등으로 인해 교육 개편이 불가피한 상황에 직면해 있다. 향후 누가 교회에 출석할 것인지, 혹은 인공지능이 사제 기능을 할 것인지, 설교와 봉헌은 차치하더라도 감사성찬례가 인터넷으로 가능할는지 등은 지금부터 교회가 고민해야 할 과제이다.

교육과 종교의 기능이 단순히 지식 전달만 하는 것이라면 인터넷만으로도 가능하겠지만, 교육과 종교는 다른 분야보다 훨씬 더 감성을 토대로 상호 접견하는 과정에서 이루어진다. 인터넷 감사성찬예식은 주일을 지키지 못하는 불가피한 상황에 처한 사람들을 위한 방편으로 활용할 수 있을지는 모르겠지만 이것이 교회를 대신하기는 어려울 것이다. 그래서 사제는 그 기능상 어느 직종군보다 남의 말과 행동과 마음을 경청하면서 이들과 공감 체험을 할 수 있는 고급스러운 감성과 영성과 도덕성을 요구받게 된다. 교회가 해야 할 여러 역할 중에서 불의에 항거하고 사회복지를 하면서 모든 것을 다 잘하면 좋지만 이것은 교회와 사제가 아닌 다른 직군에서도 가능한 일들이다. 종교의 역할과 기능에서 마지막에 남을 핵이 무엇일까 생각해보면 그것은 바로 영성과 예배일 것이다. 이 점에서 필자는 사제로서 부끄럽다.

수면(睡眠) 교회

신학교 때 일이다. 주일에 교회에 출석하지 않고 학내 기숙사에 틀어박혀 있는 학생들이 몇몇 있었다. 우리는 이 학생들이 '수면교회'에 다닌다고 농담을 하고는 했다. 주일에 기숙사에서 잠을 잔다는 것을 그렇게 표현했다. 그래도 명색이 신학생인지라 주일 아침 자기들끼리 모여 간단한 기도회라도 했기에 교회라고 감히 붙였던 것 같다.

문체부에 등록된 대한성공회 교인 수가 줄잡아 5만 명 이상인 것으로 알고 있다. 몇 년도 보고 기록인지는 모르지만 이 십여 년은 훌쩍 넘었을 것이다. 그렇다면 주일 실제 출석 교인 수는 몇 명이 될까? 세 교구 다 합쳐서 1만 명? 5천 명? 아니 3천 명? 중간크기의 한 개신교회 교인 수 정도이다. 이 숫자에 주교 세 분, 성직자 200여 명, 많은 복지기관 그리고 베드로학교와 성공회대학교가 있다. 세상 사람들이 이 정보를 알면 모두가 놀란다. 신임교수 면접 때 대한성공회 교세를 추정해 보라니까 대부분 최소 30만 명을 말한다. 이 정도의 교세가 아니면 복지관, 대학교를 운영할 수 없을 것이라는 계산을 해서 나온 답일 것이다. 어쩌면 현재 대한성공회는 교회를 제외한 교단 내 기관들과 대학교를 운영, 유지하기에는 과분하다고 할 수 있다.

지금 대한성공회가 할 수 있는 최선의 길은 새 신자를 전도하기에 앞서, 수년 혹은 수십 년째 주일에 잠자고 있는 과거의 신자들을 깨워 교회로 돌아오게 하는 길이라고 생각한다. 그중에는 별세하신 분, 타 교단으로 전입하신 분, 냉담하신 분들이 있겠지만 과거 교적부를 조사하고 현재 출석하고 계신 어르신 교우님들께 문의하여 이분들의 행방을 찾는 것이다. 그 다음에는 신자, 사제, 수도원이 협력하여 이분들을 교회로 인도하는 일이다. 차라리 새 신자를 전도하는 일이 더 쉬울 수도 있겠다고 하는 신자들도 있겠지만 이런 일을 하다 보면 새 신자도 덤으로 얻게 된다.

대한성공회의 가장 큰 약점은 여전히 주교좌교회와 몇 교회를 제외하면 대다수가 작은 교회이며 건물도 보잘것없다는 점이다. 개척교회 시대는 이미 지나갔고, 교회가 중·대형화된 요즘 세상에 누가 이런 교회를 다니겠느냐고 할 만큼의 상황이 되고 말았다. 그렇다고 설마 교회가 문을 닫겠느냐면서 반 포기하는 마음으로 신앙생활을 하고 있다면 그 신앙심 역시 점점 식어갈 수밖에 없다. 특히 서울교구 신자들은 오는 4월 새 교구장 취임식을 분기점으로 삼아 모든 교인이 합심하여 교회를 부흥시키지 않으면 안 되는 시점에 와 있다는 것을 다 인식하고 있다.

종교개혁 500주년에 대한성공회가 해야 할 일은 교회의 성격을 특성화시켜가는 것이다. 하루아침에 되는 일은 아니겠지만 우선 사제들이 자신의 전공을 특화해 나가는 공부부터 하는 것이 그나마 지름길이다. 사제들 사이에 특성이 겹친다고 할지라도 복지, 성서, 음악, 상담, 놀이, 어린이, 청소년, 노인, 독거노인, 하물며 호스피스. 막노동, 카페, 숲, 문화해설에 이르기까지 자신이 하고 싶은 전공을 살려 교회를 꾸려나가는 것이 좋다. 교회의 특성과 사제의 특성이 부합하는 교회끼리 인사이동을 하면 어느 정도 인사문제는 보완할 수 있을 것이다.

대학이라는 큰 자신이 있음에도 불구하고 사용하지 않는 것이 이상하다. 성공회대학교 내에 많은 전공들이 있기 때문에 상당 부분을 해결할 수 있다고 생각한다. 교회의 협조를 받아 교육 기간은 2-3년이면 가능하며 지속 교육을 받으면 된다. 큰 비용을 들이지 않고 대학을 활용할 수 있다. 이와 동시에 잠자고 있는 과거 교인들을 대상으로 자신의 전공을 도구 삼아 깨워보는 것이다. 친절하고 조심스럽게 조금씩 대화를 시작하여 친구관계를 맺으면 된다. 대한성공회에서 사라져야 할 교회는 수면교회 하나뿐이다.

신앙생활 방학

　테러로 인한 사상자들 소식이 쉴 틈 없이 보도되고 있는데도, 한여름 중에 많은 교우들이 과거에는 상상도 못 했던 해외여행을 계획하고 있다. 물론 매우 안전한 지역도 있지만 대중적인 인기가 있는 유럽 도시들은 테러의 표적지가 될 가능성이 높아가고 있는데도 말이다. 테러의 양태는 점점 극악해져 가고 그 빈도도 높아 가고 있지만 이를 감수하고 해외여행을 가는 사람들은 무모한 것인지 신앙심이 깊은 것인지 알 수 없다.

　어릴 적에 교회에 열심히 다니기는 했지만, 방학만 되면 교회 가는 것을 잠시 중지한 적이 있었다. 친구들은 일요일에 여행계획을 잡았고 교회 때문에 일요일을 피하자고 제안하는 것은 그 당시 남학생으로서는 정말 부끄러운 일이었다. 하물며 친구들과 있을 때는 식사기도조차 하지 않았다. 이것을 지켜보던 친구는 신앙생활도 방학했냐며 비웃고는 했다. 지금은 신앙생활이 보편화되었지만 1960-70년대에는 남자가 교회를 다닌다는 것은 의지가 박약하거나 공처가 혹은 마마보이임을 자인하는 시대 분위기가 있었다. 예비군 훈련장에 가면 지역 목사님이 정훈교육이라는 이름으로 설교 같은 특강을 했는데 이를 귀담아듣는 예비군들은 거의 없었고 뒤에서 비웃고는 했다. 요즘은 굳이 드러내지는 않지만 성인 남자들 중 상당수가 기독교인들이다.

교회도 7-8월에는 신자교육 프로그램을 대부분 중단한다. 휴가로 인해 참석률이 떨어지고 더위에 효율성도 저하되어 교회까지 오게 하는 것이 미안해서일 것이다. 교회 성직자들도 이 틈에 휴가를 즐긴다. 방학 중에는 성적이 미흡했던 교과목을 보충하기 위해 학원에 다니거나 외국어 공부를 하고는 했다. 방학 중에도 등교했고 오히려 방학 중에 뭔가 더 해보려고 서로 남모르게 경쟁까지 했다. 시대도 변하고 입시 교육정책도 변하였지만 여전히 사설학원은 성황이다. 교회는 학교와 다르지만 그동안 부족했던 성경공부, 교리공부, 봉사 활동 같은 것을 방학 중에 보충할 수는 없을까? 오히려 교회는 방학 중에 모든 프로그램을 닫고 있는데 교인들에게 신앙생활 방학을 은근히 제공해 주고 있는 셈이다. 방학이란 조금 더 나은 발전과 효과를 위한 휴식, 충전 기간, 통과의례 기간이라고 변명한다. 과연 신앙심도 그럴까? 성서에는 간단없는 기도를 하면서 항상 깨어 있으라고 권면하고 있는데 정말 교회 프로그램을 방학해도 괜찮은 것일까? 그 대신에 교회는 여름 수련회를 한다.

한 여름철, 교회가 프로그램을 방학하는 중에 교우들이 성서지식 배양과 신앙심 고양을 위해 스스로 할 수 있는 것이 무엇이 있을까? 어쩌면 방학 중에 어떤 교우들은 느슨한 틈을 타 사설학원에 다니듯이 타 교단, 타 교회에서 색다른 신앙을 체험해 보려고 할지도 모른다. 이런 기회에 고급스럽게 히브리어, 헬라어도 맛보고 산상 기도회로 피서도 가보고, 위험하지만 여유가 있어서 이스라엘 성지순례까지 하면 좋겠다. 찜통의 무더운 여름 날씨에 망상이라는 생각이 들기도 하지만 말이다. 이번 여름에는 자신 안에 들어있는 순전치 못한 것들을 땀으로 배출해 버리자.

잠시 멈춤 교회 (1)

필자가 사제 서품 받은 달이 1987년 2월이니 전도사 부제 생활까지 합치면 30년이 훌쩍 넘었고 이제 3년도 채 남지 않아 은퇴를 하게 된다. 김성수 주교님 시대에 100주년 관구독립 행사를 치룬 것이 엊그제 같은데 벌써 선교 125주년을 맞이했고, 11월 26일 서울교구는 새 교구장을 선출한다. 필자가 부제 서품을 받을 때 서울교구 성직자 수가 20여 분이었는데 지금 150명이 넘었으니 햇수로 계산한 성장 비율을 보면 이것은 엄청난 변화라고 할 수 있다. 선교 125주년이 주는 의미는 기념 연도 5 혹은 10단위의 해에 과거를 반추하면서 새로운 계획을 세워 실행해 보자는 것에 있다. 대한성공회는 김성수 주교님 재임 시부터 선교적인 측면에서 괄목할 만큼 큰 성장을 했다. 나눔의 집을 시작하였고 성공회대학교가 종합대학교로 구축되었으며 이즈음 사회선교 기관의 초석이 다져졌다고 생각한다. 그 후에도 교회 개척과 사회선교 기관은 놀라운 양적인 확장을 했다.

작금의 대한성공회는 어떤 상황에 놓여있는지 굳이 말하지 않아도 대부분의 성공회 구성원들은 실감하고 있다. 선교 분야의 양적 성장은 괄목할 만하지만 여과 없이 성장한 여파로 인해 서울교구는 성장통과 같은 재정과 상호 신뢰에 대한 심각한 문제에 봉착해 있다. 이 문제는 과거에 교구에서 발생했던 성직자 인사 불만 문제들과는 그 성격이 완연히 다르다. 선교 125주년에는 최근에 발생하고 있는 문제들이 교구의 책임 있는 분들과 일선 선교 기관장의 부도덕과 비리 때문인지, 아니면 구조적으로 기초가 부실한 상태에서 양적 성장만을 꾀하다가 발생한 문제인지, 둘 다 인지, 아니면 또 다른 문제 때문인지를 정확히 진단해야 할 필요가 있다. 그래야만 새 술을 새 부대에 담을 수 있으며 내년 종교개혁 500주년을 맞이하여 성공회도 거듭날 수 있다고 생각한다. 일선 성직자들의 무능함이나 게으름 탓도 있는 것인지, 평신도들의 애교심과 신앙심이 고갈되어 생긴 문제인지, 원인을 다 인지하면서도 표현을 못 하고 있는 것인지, 이 난관을 극복할 해결책은 과연 없는 것인지에 대한 반추를 하는 것이 곧 선교 125년을 기념하는 것이며, 그래야만 새 교구장이 앞으로 평탄하게 교구 살림을 꾸려나갈 수 있다.

그동안 평신도 교육, 성직자 수련회와 특강을 수도 없이 많이 해왔음에도 불구하고 이런 작금의 사태가 발생한 것이라면 모두 신앙심과 학습 역량에 문제가 있었다고밖에 할 수 없다. 그래서 우리 모두 '잠시 멈춤'이 필요하다. 양적으로 성장한 만큼 교단은 영성을 강조해왔다. 영성 안에는 신심, 도덕성, 감성, 측은지심, 이성 모두가 들어 있다. 이 중에서 어느 한 가지도 소홀히 하면 온전하고 건강한 영성이 될 수 없다.

필자는 각 교구가 운영할 '잠시 멈춤'이라는 작은 교회를 교구마다 하나 정도 세울 것을 권한다. 운영 사목은 가급적 교구 불문하고 은퇴 사제가 일정 기간 순번으로 자원봉사로 맡되, 주택 급여 제공없이 약간의 교통비 정도만 지급하는 것으로 한다. 지역은 운전하고 올 수 있는 곳으로, 가급적 풍광이 좋고 교통이 번잡하지 않은 조용한 곳일수록 좋다. 최대 열 명을 수용할 수 있는 아주 작은 공간의 규모에 예쁜 외형과 무색의 내부 벽이면 된다. 주교, 성직자, 평신도를 막론하고 심신이 지칠 때, 잠시 멈춤하고 싶을 때, 들러서 기도하고 상담하고 기회가 되면 감사성찬예식에 참여하고 따뜻한 차 한 잔 하는 것으로 족하다. 공간 안에는 오직 성서와 몇 가지 신앙 서적만 구비한다. 휴일 되면 교회 때문에 외유하기를 망설이는 가족들은 예약하고 올 수 있으며 숙박, 취사시설은 없고 오직 차만 끓일 수 있다. 은퇴하면 필자라도 해 볼 생각이다. 125주년 선교기념 교회는 아주 작지만 예쁘고 영성이 가득한 반성의 '잠시 멈춤의 교회'가 어떨까 하는 마음이다.

잠시 멈춤 교회 (2)

　대한성공회도 다른 교단들과 유사하게 평신도 교육은 물론, 성직자 수련회와 다양한 신앙특강, 영성훈련 등을 절기별, 혹은 해마다 해왔음에도 불구하고 선교(전도)적인 측면에서 괄목할 만한 성과가 없었다. 조선 말엽에 유럽과 크게 관련이 없었던 유럽 몇 국가의 국교회가 유입된 것도 큰 원인이겠지만, 오늘날 루터교나 구세군의 상황도 우리 성공회와 유사하다. 성공회의 신학적, 신앙적인 품성이 개교회 중심의 전투적인 개신교회를 모방할 이유도 없고 모방할 수도 없다. 성공회는 독특한 영국적 기질로 인해 교인 확장은 성과를 거두지 못했으나 선교 초기에 의료와 출판, 구제 사업은 상당히 번창하였다. 한인 주교 이후 김 데일리(요한) 주교의 정신을 이어 성공회는 나름대로 독특한 사회선교를 해 왔다. 더불어 성공회는 수도원 같은 영성도 강조해 왔다. 영성 안에는 신심, 도덕성, 감성, 측은지심, 이성 모두가 들어 있다. 이 중에서 그 어느 한 가지도 소홀히 하면 온전하고 건강한 영성이 될 수 없다.

　그동안 우리는 지나치게 빨리 걸어왔다. 빠른 만큼 문제가 발생

해도 돌이켜 볼 틈도, 뒤돌아볼 마음도 없이 달리기만 했다. 대한성
공회 선교 125주년을 맞아 과거를 돌이켜 보면서 기념교회를 교구
마다 하나씩 세워 누구나 방문하여 '잠시 멈춤'을 할 수 있는 영성
공간을 마련하고 싶은 것이다. 각 교구가 운영할 '잠시 멈춤'이라는
작은 교회를 교구마다 하나 정도 세우면 좋겠다는 생각을 해본다.
타 교단 같으면 규모가 큰 기념교회 하나 세우겠지만 우리 형편으
로는 어렵다. 먼저 운영의 책임은 각 교구에게 있겠지만, 사목은 교
구를 초월하여 은퇴 사제들이 일정 기간 순번을 정해 자원봉사하는
것이다. 주택과 급여 제공 없이 매우 소액의 교통비 정도만 지급하
는 것으로 한다. 지역은 각 교구가 기념하기에 적절한 터를 택하면
된다. 선교의 지평을 넓히는 비전이라면 전라·경상도 땅 끝에 세워
도 좋다. 운전하고 올 수 있는 곳으로 풍광이 좋고 조용한 지역의
땅값이 쌀 이유가 없겠지만 발품을 팔면 싼 값에 구할 수 있는 모퉁
이 땅이 있을 것이다. 최대 열 명, 두세 가정 정도를 수용할 수 있는
아주 작은 공간의 규모에 예쁜 외형과 무색의 내부 벽으로 만들어
건축비는 어느 지역이든 5천만 원을 넘지 않도록 한다. 125주년 선
교기념 교회는 아주 작지만 예쁘고 영성이 가득한 반성의 '잠시 멈
춤의 교회'로 세웠으면 하는 마음이다.

이것은 아주 작은 소박한 꿈이지만 교구마다 살림이 어려우니
독지가들의 기념 봉헌을 기대해도 좋을 것이다. 작고 소박해서 누
구나 부담 없이 찾아와 아늑하고 성스러운 공간에서 많고 다양한
꿈의 기도를 하고 돌아가면 좋겠다. 작은 교회, 작은 기도가 씨가

되어 앞으로 선교 150년에는 대한민국에서 가장 모범이 되는 대한 성공회로 발전할 수 있기를 소망해 본다. 한 예로 수년 전에 건축상을 받은 벨기에에 소재한 'Reading between the Lines'(선과 선 사이 읽기)라는 독특한 이름의 교회를 소개한다. 실제로 내부에서 예배하기에는 적절하지 못한 공간처럼 보이지만 기념교회로서는 예술성뿐만 아니라 장소, 건축재료, 빛, 그림자, 소박함, 규모, 현대성에 이르기까지 탁월하다. 이 교회에서 힌트를 받아 작은 기념교회를 세웠으면 하는 바람이다.

상자갑(BOX) 교회

주님께서 이 죄인의 말을 들어주실지 모르지만 새해에는 모든 성공회 교인들과 교회가 큰 집, 큰 교회를 짓고 행복하게 잘 살았으면 좋겠다고 기도해본다. 그러나 모든 사람이 호화롭고 큰 집에서 살고 싶어 하지는 않는다. 살림살이가 조촐해도 행복하기를 원한다. 또 모든 기독교 신앙인들이 자신이 출석하는 교회가 사랑의교회, 순복음교회, 온누리교회, 명성교회만큼 매머드 교회이기를 바라지도 않는다. 모든 교인이 담임 목회자가 조 아무개 목사이기를 원하지도 않는다. 모두가 큰 것을 원한다면 작은 교회에 출석하는 교인들은 이미 모두 큰 교회로 이동했을 것이다. 물론 대형 교회가 중소교회 보다 편의시설이 잘 갖추어져 있고 익명성을 보장받을 수도 있으며, 그룹별로 교제하기에도 좋을 것이지만 불편한 점도 분명 있을 것이다. 그렇다면 작은 성공회는 대형 교회에 출석함으로써 갖게 되는 불편함이 무엇인지를 조사하여 이런 점들을 적극 수용하여 보완하면 성공회를 특성화할 수 있지 않을까 상상해 본다.

사람들이 자신의 기호에 적합한 교회를 찾아 출석하게 되는 우선순위는 각자의 감성과 신앙의 체질이다. 이에 따라서 사람들(새 신자)은 교회 규모, 교단, 목회자를 분석하고 결정한다. 앞으로 대한성공회는 더욱더 특성화해야만 존재할 수 있는 작은 교단이다. 어떤 점을 선택하여 집중적으로 특화할 것인지 찾아야만 한다. 이 것은 성공회 공동체가 누누이 자랑하는 전례일 수도 있고 교회 건축일 수도 있으며, 민주화 운동일 수도 있고 사회봉사와 복지일 수도 있다. 한국에서 그동안 축적되어 드러나고 있는 대한성공회의 특징들을 바탕으로 삼아 무엇을 특성화할 것인지를 성공회 정신에 맞추어 거론하고 논의를 통해 정리해 볼 필요가 있다. 기도, 찬양, 예배, 친교 등은 교단을 초월한 교회의 기본 기능이지만 이러한 요소에 특징을 더하여 사회를 향해 매력 있게 전개해 나아갈 사목적 방안이 필요한 것이다.

한 예로, 교회 건축을 말한다면 우리 성공회는 작고 예쁜 상자갑 같은 교회 건물이 적절하다는 생각이다. 우선 대형 교회에 식상한 사람들이 단순 검박한 교회의 외형과 영성에 매력을 느낄 수 있을 것이라는 점이다. 성공회는 교인 수가 많지 않아 건물이 클 필요가 없다. 혹 전도가 활성화되어 교회를 큰 곳으로 옮겨야 할지라도 갑자기 수만 명이 신입하지 않는 한 조금 더 큰 상자갑이면 된다. 이런 점에서 상가에 있는 공간이 적당하다. 앞으로 대부분의 성공회 교회는 부족한 재정과 밀도 높은 전도 텃밭을 고려하여 아파트단지 인근 상가건물에 있도록 하는 것이다. 이것은 부끄러운 것이 아니고 교회의 기능과 선교전략으로 생각해야 한다. 재정적 여유가 있다면 신축을 하되 이 건물도 상자갑처럼 건축하는 것이 좋다. 상가 건물 안에 있는 네모난 공간과 상자갑 같은 건물의 공간은 유사하고 공간 활용의 효율성이 아주 높다. 점차 한 칸씩 공간을 확보해 가며 공간 크기를 넓혀갈 수도 있다.

상가교회가 교회 건물을 신축하기 위한 도정에 있는 교회가 아니라 국토가 좁은 이 나라에서 다양한 교회 건축의 한 장르로 정착할 수 있도록 성공회가 솔선하는 것도 좋다. 이 경우에는 장의자보다는 개별의자를 비치하여 필요에 따라 쉽게 공간을 사용할 수 있도록 하고, 한 공간에 여닫이 레일을 놓아 하나의 공간을 분절하여 다양하게 사용할 수도 있다. 비록 상가건물일지라도 외벽 창에는 성공회를 상징할 수 있는 통일성 있는 색과 장식으로 예쁘게 마감하면 좋다. 세월이 가면 누구나 창을 보기만 해도 성공회 교회임을 알 수 있도록 하는 것이다. 잘하면 상가 입구까지 장식할 수 있는 기회도 온다. 상자갑 교회의 겉모습은 단순할 수밖에 없으니 외벽의 색과 창의 모양새로 통일하면 좋다.

상자갑 교회 꾸미기

상가건물 안에 있는 교회 출입문은 어린이들과 지역주민들이 선택되어 초대받아 들어오는 느낌이 들도록 같은 상가건물 안에 있는 다른 상점 출입문들과 차별성을 두는 것이 좋다. 어린이가 우선이라면 어린이들이 좋아하는 문으로 꾸민다. 백화점 현관문처럼 할 수는 없지만 소박한 특징이 있는 것이 좋다. 성공회 교회를 방문해 보면 노령 교인 수의 비중이 높고 어린이들과 청년들의 예배참석률이 저조한데 이는 인구감소가 가장 큰 원인이라고 한다. 교회마다 어린이 주일학교를 포함하여 젊은층을 대상으로 하는 전도에 전력을 다하고 있을 거라 믿는다.

대부분의 어린이들이 부모를 따라 교회에 출석하지만 아파트 주거단지 인근에 있는 상가교회는 교회에 무관심한 부모들의 자녀를 전도하기에 아주 적절한 장소라고 할 수 있다. 교회 내부가 밝고, 교인들이 누구에게나 친절하고, 즐겁고 유익한 게임이나 학습에 도움이 되는 프로그램을 구축하고 있다면 아파트단지에 거주하는 어린이들이 상가교회라고 할지라도 출석을 마다할 이유가 없다. 공간 활용의 한계가 있겠지만 시간을 구분하여 청소년들을 위한 프로그램과 모임 장소를 제공해도 좋을 것이다. 개척 초기 일정기간에는 출석하는 성인들이 많지 않아 교회운영에 어려움이 따르겠지만 가능한 어린이와 청소년 선교를 우선으로 하는 것이 좋다. 점차 어린이들을 통해 부모들 전도로 이어질 수 있도록 성인 선교 프로그램을 기획하는 것이다.

재정적인 후원이 있거나 여유가 있다면 평일에는 유아원 혹은 유치원과 부모교실을 운영해도 좋겠지만 유념해야 할 점은 일본 성공회처럼 교인 전도보다는 유치원 운영이 개교회의 주된 선교 사업이 되어 교회의 본질적 기능을 잃어가고 있는 것 같은 모습은 지양해야 한다. 대한성공회도 복지관 운영이나 임대사업이 교단의 주된 선교 사업이 되어서는 안 된다. 물론 유치원이든 복지관이든 대학이든 모두 사회에 기여하는 하느님 선교 사업이다. 그러나 일선 교회 선교에 우선하여 부속적인 사업들이 교단의 주된 사업이 되는 것은 바람직하지 못하다.

터가 있어서 건물을 세울 때, 작은 마당이 있다면 비가 온 후 질퍽거려서는 안 된다. 교회라고 하는 대문 안으로 들어서는 순간부터 주차장과 마당을 포함한 그 대지는 성스러운 장소이다. 내부로 들어서는 본당 첫 출입문에 들어서기 전에 마당에서 잠시 지체하고 들어오도록 완충 통로를 마련하는 것이 좋다. 이 완충 통로는 안에서 성으로 진입하는 문지방이나 상가의 복도 같은 것으로써 잠시 걷는 중에 호흡을 가다듬고 예배에 참여할 채비를 할 수 있다. 상자갑 교회를 건축하게 되면 가능한 천장이 적당히 높은 것이 좋다. 그래야 내부 공간에 들어섰을 때 답답한 느낌이 들지 않아 성스러운 느낌을 받을 수 있으며, 음향에 효과가 있고 냄새를 최소화할 수 있다. 내부의 창에 예수님 얼굴이 그려져 있는 값싼 색종이를 붙이기보다는 순백의 창호지를 이용하면 햇빛의 광도와 명도가 조절되어 실내 공간도 아늑해지고 시야도 편안해진다. 벽에는 가능한 어느것도 붙이지 않는 것이 좋다. 작은 공간에 벽이 번잡하면 산만하게된다. 상가건물은 천장이 낮기 때문에 유향을 사용하는 것은 가급적 피하고 제대와 의자를 포함한 모든 가구는 이동식이 좋다. 그래야 공간을 다용도로 활용할 수 있기 때문이다. 기둥이 있다면 등과스피커는 가능한 기둥과 벽에 설치한다. 천장 빛보다는 측면 광선이 공간 분절도 해주고 아늑한 분위기를 연출해 준다. 가구는 단순하고 색은 진하지 않은 단색으로 통일한다.

전도를 위한 교회 건축물

교회 건축이나 예배를 주제로 하는 특강을 하면 가장 많이 받는 질문은 국내에서 어떤 교회 건축물이 훌륭하냐는 우문이다. 잘 모르겠다, 혹은 없다고도 답할 수가 없어서 그 주변 환경과 조화롭고 눈에 거스르지 않는 교회 건물이면 그것이 훌륭한 교회 건물이라고 답한다. 그러면 그런 교회가 어디에 있는 어떤 교회 건물인지 실물을 소개해달라고 한다. 평가한 후 점수를 바탕으로 제시하는 건물이 아니고 필자의 주관적 취향으로 선택하는 건물이기 때문에 자칫 낭패를 볼 수 있는 순간이다. 몇 교회 건축물을 선택해서 제시하는 순간, 또 다른 질문과 비평 혹은 비난으로 이어질 수 있기 때문이다. 그래서 조심스럽게 다시 변명을 한다. 제시해 드리고 싶지만 지금 자료를 준비하지 못 해서 죄송하다고.

필자 개인의 생각으로 교회 건물은 상자 같은 단순한 형태의 미니멀(minimal) 건축이 좋다. 왜냐하면 건축비가 적게 들고 후에 매도하기도 쉽기 때문이다. 그러나 모든 교회가 다 상자갑 같다면 그것도 이상할 것이다. 이 말의 의미는 교회 건축에 사치하지 말라는 것이다. 훌륭한 교회 건물이란 붉고 거대한 십자가를 뾰족 지붕에 매달아서 누가 보아도 교회 건물임을 쉽게 인식할 수 있는 그런 건물이 아니라 규모를 떠나서 주변과 조화를 이루는 건물이다. 대한성공회는 부산 주교좌교회, 강화읍 교회를 포함하여 전국에 흩어져 있는 한옥교회, 서울 주교좌교회 등 몇 교회 건물을 제외하고는 대형 교회도 없거니와 건축물들도 역사성 외에는 그 외형이나 규모로 자랑할 만한 정도는 아니다. 그렇다고 차라리 상자갑 같은 교회도 없다. 가톨릭교회와 개신교회의 틈새에서 교회 건축물이 훌륭하면 이를 수단 삼아 교회 문 앞까지라도 인도할 텐데 성공회는 그럴 형편도 되지 못한다. 지난 번 글에서 근거리에 소재한 몇몇 교회(예, 부천지역)를 통합해 보자는 제안을 했지만 아무리 작은 교회라고 할지라도 자신들이 헌금하여 세라도 얻어 감사성찬예식을 드리고 있는 교회 구성원들은 그 기득권을 쉽사리 놓지 못할 것이라는 생각은 든다.

지난번 10여 명 수용할 수 있는 선교기념 교회로서 '잠시 멈춤 교회' 글을 읽고 자비로 이런 작은 교회를 짓겠다고 나선 신부님이 계신다. 이 작은 글에 희망을 갖고 실행해 보려는 신부님이 고맙다. 중복되는 말이지만 교회 건물은 기도, 찬양, 성찬과 세례예식 등을 포함한 전례를 담는 그릇이기 때문에 작은 교회는 대성당에서 가능한 전례를 담기에는 어려움이 있다. 진행을 해도 사제와 신자 모두 불편하고 어색할 수밖에 없다. 창이 작고 좁은 공간에서 유향을 사용하거나 좁은 제단에서 대례복을 입고 집전하는 광경을 상상해 보면 된다. 따라서 성공회는 다양성과 포용성을 갖고 전례의 순서를 지킨다면 개교회의 실정에 맞는 예전을 허용해 주는 것이 좋다. 영국도 매번 감사성찬예식을 하지 않고 아침 혹은 저녁 기도문 형식으로 예배를 드리는 경우가 많다. 시골, 혹은 도회지 마을 안에 상자갑 같은 작은 건물을 구하거나 짓고, 내부는 아주 검박하게 치장을 하고 예쁘고 권위적이지 않은 성가구들을 비치하고 사제는 단순한 예복을 입고 복잡하지 않은 전례로 말씀 선포와 감사성찬예식을 할 수 있다고 생각한다. 누구나 오고 싶고, 기도하고 싶고, 머물고 싶은 교회를 만들어야 동네 주민을 전도할 수 있다. 동시에 복지와 봉사프로그램으로 함께한다면 그 작은 교회는 그 동네의 촛불이 되는 것이다. 백만의 촛불이 광장에 모였듯이 이 작고 빛나는 작은 교회들이 모여 세상을 밝히고 성공회를 빛나게 할 것으로 생각한다. 뭉치고 합칠 수 없다면 차라리 작은 교회로 쪼개고 쪼개서 마을 구석구석을 빛나게 하는 것도 전도를 위한 교회 건축의 한 방법이라고 생각한다.

매력이 있는 교회

사람을 포함해 모든 사물은 잘 생긴 것들이 보기에도 좋다. 구약 창세기에 보면 하느님께서 6일 동안 매일 만드신 직후에 창조물을 보시고는 '보기에 좋았다'고 말씀하셨다. 태초 만물은 모두 잘생겼 었던 것이 분명하다. 아담이 선악과를 먹은 이후 후손들은 호불호 의 마음과 아름다움을 식별하는 눈을 갖게 되면서 세월 따라 잘생 김에 대한 기준도 변화하고 있다. 사람은 이목구비가 뚜렷하고 균 형이 맞으면 보통 잘 생겼다고 말하지만 그런 모습이 꼭 매력이 있 는 것은 아니다. 매력이란 개성에서 비롯되며 어딘가 살짝 균형을 깨뜨린 것에서 나온다. 음악이라면 불협화음의 매력일 수도 있겠다.

완전 대칭의 건물은 공간 효율성이 높지만 권위적으로 보인다. 관공서, 법원, 검찰청, 경찰서와 같은 건물이 그 예이다. 성공회 교 회 건축물 중에서 가장 권위적인 건물은 강화읍교회라고 할 수 있 다. 1900년 당시 강화성당 아랫마을의 사진에 나오는 민가들의 형 색을 보면 남루하기 짝이 없다. 교회 바로 밑에는 철종 생가가 있지 만 아랑곳하지 않고 높은 언덕에 거대한 한옥식 교회를 세웠다. 당시 가난했던 지역 주민들은 강화읍교회를 바라보면서 우러러보았거나 비난을 했을 것이다.

현대 교회 건물은 대체로 십자가 첨탑을 드높인다. 이것은 중세 고딕건축에서 유래한 것인데 이것도 권위적인 측면이 많다. 현대도시의 건물 양상과 현대의 신학과도 어울리기가 쉽지 않다. 그러나 상자갑 교회는 네모난 창고 같아 멋은 없는 듯 보이지만 건물의 단순미와 공간의 효율성이 높고 무엇보다 권위적이지 않아서 좋다. 그러나 이 상자갑의 형태를 살짝만 비틀어 보면 그 느낌이 완전히 달라진다. 자칫하면 어설프고 완성미가 흐트러질 수 있으니 설계도면을 비틀 때는 전문가의 도움이 필요하다. 평탄한 교회 내벽에 창을 어느 정도의 크기와 어떤 배열로 낼 것인지를 구성만 잘해도 상자갑이 예술품이 될 수 있다. 우선 겉모양에 대한 매력이 소문이 나면 선교 50% 이상이 성공이다. 현대인들이 요구하는 교회 이미지는 중세 고딕도 아니고 외벽을 모두 유리로 덮은 초대형 건물도 아니다. 지역사회 안에 조용히 아담하게 앉아있는 상자갑 같은 교회 안에서 일어나는 사건에 주목한다. 이 사건이란 예수께서 행하신 일들이며 이 일들을 재현하고 현실화하는 것이 바로 복음이다. 사건은 성서에 기초한 교회의 선교 프로그램이며 행사이다. 주민들은 이 상자갑 안으로 초대받을 자격이 있으며 교회는 겸손하고 친절하며 정중해야 한다.

지역사회 혹은 교회 공동체 안에서 아주 사소한 다툼이라도 일어난다면 소문이 나기 전에 그 교회는 그 지역을 빨리 떠나야 옳다.

오늘도 얼마나 많은 교회들이 지역주민들과 다투고, 한 교회 안에서 내분이 발생하여 재판을 하고 있는지 모른다. 이에 대한 시민들의 비난은 기독교 전체를 사익단체로 오염시키고 있으며 아무리 건강한 교회라도 분쟁이 있는 교회가 소재하고 있는 지역사회에서 선교하기는 어렵다. 예수님도 분쟁이 없었던 것은 아니지만 현대 교회가 일으키는 분쟁은 선교를 위한 것이 아니라 거의 다 이권 다툼이다.

상자갑 교회는 교회 구성원과 목회자 사이에 이권 문제로 분쟁이 일어날 확률이 거의 없다. 특히 교회는 열 번 잘했는데 한 번 실수하고 잘못했다고 해서 사회로부터 용서받는 것이 아니다. 작은 교회라고 할지라도 지역사회에서 수도원 같고, 상담실 같고, 나눔터 같고, 봉사하는 놀이터 같다면 그 자체가 복음이며 선교라고 할 수 있다. 대한성공회만큼이라도 어느 작은 불순한 사건도 없이, 신선하고 건강한 교회로 자리매김하여 매력이 있는 교회로 여겨지길 바란다.

종교개혁과 서울 주교좌교회 건축 활용

올해 2017년 10월이면 1517년 루터가 종교개혁을 시작한지 500년이 된다. 영국의 종교개혁은 루터나 칼뱅이 의도했던 그런 개혁은 아니었다. 영국의 헨리 8세가 교황에게 반기를 든 해가 1534년이니 영국 교회의 개혁은 루터보다 17년 늦은 셈이다. 영국 교회의 개혁은 종교적 개혁이기보다는 정치적 종교개혁이었다고 할 수 있다. 영국 종교개혁의 여러 요인들 중에서 특별히 왕의 이혼 문제를 가장 큰 요인으로 치부하는 것은 가톨릭교회측의 편협한 견해일 뿐이다. 헨리 8세가 교황청과 결별했던 의도는 국왕 중심의 강력한 국가로 통일시키기 위해 국가 교회를 창설하고자 했던 것이다. 그 뒤를 이은 메리 여왕이 영국 교회를 헨리 8세 이전의 가톨릭으로 다시 되돌려, 엘리자베스 여왕에 이르러서야 비로소 신학적으로, 조직적으로 정리된 영국 교회(성공회)가 태동하게 된다.

유럽대륙에서 종교개혁이 일어나는 17년 동안 영국은 가톨릭이 주된 종교였지만 종교 개혁가들의 영향으로 영국 정치계 안에도 개신교도들인 '퓨리탄'들이 산재해 있었다. 1534년 이후 영국 안에는 크게 가톨릭, 국교회(성공회), 퓨리탄(개혁교)이 공존했지만 퓨리탄들은 국교회의 박해로 인해 메이플라워호를 타고 아메리카로 떠나 미국을 개척하였다. 1534년 이후 영국의 성공회 교리가 정착되는 엘리자베스 1세 여왕까지 무려 35년의 시간이 걸렸다.

영국 교회는 가톨릭교회처럼 주교제도와 전례 의식은 지켰다. 교황에 반기를 들고 독립하면서 가톨릭 전통을 이어받는 점에 대해 퓨리탄들이 공격을 하자 영국 교회는 화체설과 연옥 교리를 폐기하고 마리아 숭배를 배격하였다. 어쨌든 영국 교회는 종교개혁을 한 개신교회로 분리된 것이다. 교리적으로 개혁하고 신학적으로 변증하기에는 개혁의 동기가 어설펐기 때문에 영국 교회는 자연스럽게 정치적으로 다양성과 포용성, 그리고 중용을 주창할 수밖에 없었다. 그러나 1300년대에 영국이 유럽 그 어느 나라보다 앞서서 성서를 영어로 번역하는 등, 존 위클리프가 최초로 종교개혁을 했던 점을 기억해야 한다. 이후 성공회 전례는 루터교회의 전례에 상당 부분 영향을 받고 자리매김하였다. 종교개혁가들이 소위 말씀 중심과 '만인사제설'을 염두에 두고 예배를 구성하여 예배드리기 시작한 교회는 기존의 가톨릭교회였다. 대체로 제대가 있는 제단 부분을 커튼으로 막고 기존 설교대 중심으로 예배를 구성하여 사용하였다.

대한성공회는 가톨릭교회와 유사할 만큼 전례 중심 교회이다. 특히 서울 주교좌성당은 다른 어떤 행사보다도 음악을 연주하는데 위치와 공간이 제법 훌륭한 곳으로 정평이 나 있다. 주일 외에도 정오음악회를 하는데 비슷한 예로 런던 트라팔가스 광장 바로 옆에 위치한 '성 마틴교회'를 들 수 있다. 이 교회는 오케스트라 공연으로 세계적인 명소가 된 교회이다. 교회 프로그램과 무관하게 다양한 음악회를 개최하곤 한다. 시작은 미약하더라도 성당 음악가 누군가 가 발 벗고 나서서 음악인 협동조합이라도 조직하여 작은 연주회부 터 시작하면 어떨까 하는 바람이다. 성당 앞마당은 조만간 서울시 의 계획에 따라 작은 변화가 예측된다. 세종문화회관, 예술의 전당 등 시내에는 유수의 음악당들이 있지만 대성당이 서울시와 협업하 여 시민을 위한 공공의 음악공연을 기획한다면 선교뿐만 아니라 장 기적으로는 큰 수익도 낼 수 있을 것이라는 생각이다. 대성당의 일 부를 어느 특정 음악인의 전유 공간이 아니라 시민과 모든 음악가 를 위한 공연장으로 변화시키는 것도 교회의 공공성의 표출 방안이 라고 생각한다. 물론 성당 관리 문제와 보강해야 할 악기 등 당장 요구되는 과제가 있기는 하지만 종교개혁의 일환으로 음악으로 풀 가동되는 대성당의 모습을 기대해 본다.

작고 작은 주교좌교회

전통적으로 '주교좌교회'란 한 교구의 관할 교구장이 전례와 의식을 집전할 때 사용하는 주교 전용의자를 고정비치한 교회로서 '대성당'(cathedral)이라고도 부른다. cathedra는 주교의 의자라는 뜻이므로 교회 건물이 커서 대성당이라고 하는 것이 아니다. 따라서 주교좌교회는 주교가 관할 치리하는 교구의 중심이며 관할 교회들의 모교회가 되는 셈이다. 한 예로 서울 주교좌교회는 서울 교구장이 치리하는 서울 교구의 중앙 교회이고, 교구장이 관할사제로 있는 교회이며 주교의 의자가 위치한 교회이다. 주교좌교회는 대체로 그 교구 안에서 가장 도심에 위치하며 크고 부요한 교회이다. 이런 교회에서 주교가 목회를 하면 주교의 권위가 고양되고 동시에 주교의 생활비와 선교비를 대성당에서 충당할 수 있다는 이점이 있다. 그러나 교구장 주교가 한 교회의 관할사제 직무를 맡고 있으면 교구 내의 전도구 교회들을 공정하게 치리해야 할 형평성을 잃게 될 우려가 있다. 또 주교가 주교좌교회 관할사제라고 할지라도 매주 관할 교회 순방으로 인해 실제로 주교좌교회를 세세히 목회할 기회는 별로 없다는 것이다.

중세기에 대성당이 되는 조건에는 성가대와 성가대 학교, 도서관, 교리학교 등이 있어야만 했다. 이후 이러한 부속기관들이 교단 사립학교 혹은 신학교로 이전되고 성당 안에 주교 의자만 남게 된 것이다. 만약에 교구의 재정 형편이 넉넉하다면 주교좌교회가 현재의 주교좌교회처럼 굳이 일반 전도구와 같은 교회이어야 할 필요는 없다. 오히려 현대의 주교좌교회는 일반 목회를 담당하지 않는 성직자와 교구 직원들과 기관 성직자들, 기타 참석을 원하는 사람들이 주교와 함께 감사성찬예식을 할 수 있는 작은 채플이 적절하다고 생각한다. 이 작은 주교좌 채플에 모여 선교에 대해 토론하고 주교에게 자문도 하면서 그 어떤 권력도 재물도 없는 작은 교회로 존재하는 것이다. 주교가 관할 교회를 순방하는 일로 부재한다고 할지라도, 섬기는 교회가 없는 무임, 혹은 은퇴성직자들이 이 채플에 모여 예배할 수 있다. 교구 사무실과 가까운 곳에 작은 주교 채플이 있다면 이것이 곧 주교좌교회가 될 수 있다. 사제의 부족으로 인한 경우가 아니라면 교구장이 특정 교회에서 일반 사목을 담당해야 할 필연성이 있는 것은 아니다. 오히려 주교의 사목은 견진성사와 교회축성 외에 교구 안의 행정과 재정을 감독하며 선교정책을 수립하고 지원하며 관할 교회들의 치리와 소속 사제들을 사목하는 것이 주된 직무일 것이다. 굳이 가장 부요하고 큰 교회가 주교좌교회일 필요는 없다. 큰 전례 행사가 있을 경우에는 큰 교회에서 거행하면 된다.

현대 사회에서 주교좌교회는 상징으로 존재하는 것이며 아주 작고 검박할 때 오히려 주교의 권위가 고양된다는 점이다. 개신교 대형 교회들이 건물을 더 확장하고 목사직을 세습하여 세상으로부터 비난받을 때일수록 성공회는 겸허하게 작고 낮은 것을 택함으로써 종교개혁을 실천하는 것이다. 주교좌교회가 작고 힘이 없을 때 또 다른 영적 권위와 카리스마가 나오며 관할 교회들이 도덕적으로 이탈할 경계심을 갖게 된다는 점이다. 그래도 어떻게 주교좌교회를 그렇게 작은 채플로 지정할 수 있느냐는 정서적 반감을 갖는 교우들이 대다수일 것이라는 생각이다. 주교의 권위가 가시적이며 물질적이고 양적인 것으로 평가되어서는 안 된다. 비록 성직의 질서와 성직자 복식이 중세적이라 할지라도 종교개혁 500주년에 대한성공회가 회심해야 할 가장 첫 번째 일은 성직의 권위에 대한 재해석과 교구 치리의 민주화가 아닐까 생각한다.

기쁨이 차고 넘치는 교회

어느 절기보다도 특히 부활 절기에 모든 지상의 교회들은 기쁨이 차고 넘쳐야 한다. 사순절과 고난주간에도 교회는 주님의 고통과 수난에 동참하면서 동시에 기쁨이 차고 넘쳐야 한다. 서양인들이 고난의 성 금요일을 굳이 'Good'을 붙여 'Good Friday'라고 한 것은 주님의 수난으로 인해 우리가 구원을 받게 되어 좋은 날이라는 의미이다. 하느님께서 주신 내 인생에 대한 응답은 기쁨이 차고 넘치는 삶이다. 그러나 노부모 걱정, 자식 걱정, 건강, 생활비 문제로 간밤을 지새우는 사람들, 아무리 재벌이라도 형제간의 불화가 극에 달한 사람들에게 기쁨이 차고 넘치도록 하라고 권면한다면 욕먹을 수 있을 것이다. 그러나 걱정과 근심이 많은 사람일수록 기쁨이 차고 넘치도록 스스로 수고해야 한다. 그래야 그나마 하루를 버틸 수 있게 되기 때문이다. 하지만 심각한 우울증에 걸린 사람들은 그렇게 하기가 결코 쉽지 않다.

기쁜 생활을 영위하려면 치유의 절차와 훈련이 필요하다. 주님도 하루 일은 그 날로 족하다고 하셨다. 그러나 대부분의 기독교인들은 이 말씀을 지식으로만 알지 일상에 쉽게 적용하지 못한다. 오히려 사회 역사의식이 부족하다고 비판받는 보수 교단 교인일수록 범사에 감사하며 매 순간이 고통일지라도 깊은 신앙심에 의한 기쁨으로 잘 극복해 가는 모습을 본다. 교회는 의인만 모이는 곳도 기쁜 사람만 모이는 곳도 아니다. 오히려 지치고, 병들고, 억울한 사람들이 환대받고 치유받아 기쁘게 살도록 돕는 곳이다. 같은 공간일지라도 한쪽에서는 자신을 둘러싼 고통스러운 일들을 고백하고 한쪽에서는 기쁨의 찬송을 불러 아픔을 기쁨으로 승화하는 곳이 교회이다.

대한성공회는 최근 들어 계속 아프고 슬프다. 치유할 수 있는 분은 주교가 아니고 오직 주님뿐이신데 이 조차 믿지 않으려는 듯이 누군가에게 책임을 전가함으로써 난제들을 해결해 보려고 한다. 그런 방법으로는 언젠가 가시적으로 해결이 될지는 모르지만 각자의 마음에 상처가 남는다. 주님의 눈길이 없다면 이 해결은 기쁨은커녕 서로 간의 불신과 분노만 남길 것이다. 그러니 그것은 진정한 해결과 화해가 아니다. 교회는 세상과 다르기 때문에 다르게 해결해야 한다. 언제나 공동체라고 하면서도 분쟁이 발생하면 수습하지 못하는 것은 공동체 안에서 하나 되지 못하게 하는 다른 이유가 있기 때문이다. 결국 기쁨이 없는 교회는 곧 소멸할 수밖에 없다는 것을 알면서도 지혜가 희박한 인간의 계산이 앞서기 때문이다.

기쁨이 차고 넘치는 교회 건물은 우선 채광이 좋아야 한다. 그 채광은 공간 활용에 따라 직간접 채광을 사용한다. 그리고 화해의 친교 공간이 무엇보다 중요하다. 이 공간은 식당일 수도 있고 상황에 따라 작은 기도실일 수도 있다. 대예배실을 포함하여 교회 건물 공간 전체가 친교 공간이어야 한다. 전례 시간은 엄숙하고 거룩해야 한다면 친교 프로그램은 기뻐야 한다. 예배와 교육 이외의 시간에 교회는 언제나 왁자지껄해야 한다. 교회에서 만이라도 아이들과 연로한 노인들은 해방되어야 한다. 일주일에 단 한 번 예배에 참석하게 될지라도 일상에서 교회를 그리워하고 가고 싶고 누군가 만나고 싶고 수다 떨고 싶은 장소여야 한다. 자신의 속마음을 훌훌 털어버릴 수 있는 교회 공간 분위기, 프로그램, 교회 사람들이어야 한다. 그중에 고요하고 싶으면 작은 기도실을 찾는다. 비록 작은 교회라고 할지라도 커피 냄새, 빵 굽는 냄새가 물씬 나고 신앙 서적이 비치된 공간에서 예의 있는 친절한 수다를 떠는 것이다. 이럴 때 전례는 더욱 아름답게 느껴지게 되며 더 머무르고 싶은 교회가 되는 것이다. 대한성공회는 부활 절기에 이렇게 거듭나는 것이다. 특히 서울교구는 새 교구장과 더불어 기쁨의 찬송을 드높일 것을 소망한다.

화합의 교회 건축

지상에 모든 생명이 화합하도록 세운 건축물이 있을까? 없다면 만들면 된다. 서울교구는 부활 주간에 새 교구장이 승좌하였다. 그분이 짊어지고 가야 할 십자가는 역대 어느 교구장들이 지었던 짐보다 더 큰, 몸을 가눌 수 없을 만큼의 짐일 것이다. 누가 그 무거운 짐을 지웠는가를 따지는 것과 그 짐을 덜어드리는 일은 구분해야한다. 성공회 모든 구성원들이라면 그 짐을 조금이라도 가볍게 해드려야 한다. GFS 표어처럼 함께 나누어지면 된다. 그러나 정작 짐을 진 사람은 자신의 구성원들에게 이 짐을 나누어지자는 청을 하지 못한다.

그렇다면 무거운 짐을 지고 힘겨워하는 모습을 본 구성원 중에서 누구보다도 성직자 원장과 평신도 원장이 새 교구장의 무거운 짐을 나누어지자고 선포해야 옳다. 이것이 주님의 말씀에 따르는 길이기 때문이다. 그리고 그 짐이 어떤 것인지, 어떻게 분배해서 누가 나누어 질 것인지를 신속하게 협의해야 한다. 그러나 오랜 기간 구성원들 모두를 설득할 필요는 없다. 공동체라고 한다면 구성원들이 짐을 나누어지는 것은 의무이기 때문이다. '그 짐을 내가 왜?'라고 하는 사람은 그 공동체에 머무를 이유가 없다. 지상에 자신이 지어야 할 짐이 없는 교회가 있는지 모르겠지만 그런 사람은 짊어져야 할 십자가가 없는 다른 단체로 가면 그에게도 덕이 된다. 적법한 절차에 따라 주교로 선출된 분을 교구장으로 인정하지 않겠다는 사람도 마찬가지이다. 지금 성공회 구성원 모두는 화합하지 않으면 몰락할 국면을 맞이하고 있다. 화합하는 방법은 다양하겠지만 가장 빠르고 효과적인 길은 그 짐을 나누어지는 것이다. 나눔은 화합하고 일치시키는 위력이 있다. 내 주장만 옳고, 내 것만은 지켜야 한다는 생각은 성공회 정신이 아니며 일반상식도 아니다. 이것만 포기하면 나눔은 쉽게 이루어질 수 있다.

화합하는 교회 건축물을 축조할 때 외벽은 다양한 형태와 색깔의 벽돌로 마감하는 것이 좋다. 다양성이 모여 굳건한 하나의 건물을 구축함을 드러내는 것이다. 그리고 관할사제 집무실은 교회 출입구 맨 앞에 마련하여 교회를 출입하는 모든 사람을 보고 만나면서 일상이야기와 상담을 할 수 있는 친근한 공간으로 만드는 것이다. 사제가 해야 할 일 중에 가장 중요한 것은 다양한 많은 사람을 만나 모두를 화평하게 하는 일이다. 설교 준비, 원고 작성 등은 오히려 다른 방이나 사제관을 활용하는 것이 좋다. 친교실 혹은 식당은 누구나 쉽게 출입할 수 있는 위치에 있어야 한다. 지나치게 고층이거나 지하층에 있는 것은 바람직하지 않다. 친교실은 계층, 나이, 성별을 넘어 왁자지껄해야 한다. 교회에 로비나 옥상이 있다면 더

할 나위 없다. 본당 내부 공간의 의자 배치는 장의자에 학교 교실과 같은 틀을 깨고 일치를 지향하기 위해 제단과 십자가를 향해 원형에 가까운 부채꼴로 개별 회중 의자를 비치하는 것이 좋다. 예배 이외의 시간에는 본당 공간을 다양하게 활용해야 한다. 교회는 예배와 기도가 제일 중요하지만 회중들이 찬양하고 친교하며 형제 됨을 확인하고 평화를 이루어 가는 것도 예배만큼이나 중요하다. 전례 교회이기 때문에 본당 내부 공간이 꼭 성스럽고 엄숙해야만 한다면 예배 시간 동안 회중들은 그런 마음과 자세를 갖고 예배에 참여하면 된다. 그 시간에는 조명으로 공간을 성스럽게 창출할 수 있다. 교회는 성스러운 공간이어야 한다는 이유로 공간이 부족함에도 불구하고 그 큰 공간을 사용하지 않아 컴컴하게 고상의 예수 그리스도만이 예배 공간을 지키고 있다면 예수께서도 좋아하시지 않을 것이다.

교회의 역할

✧

교회 신자 중에 초상이 나면 장례 기간에 그 교회 사제는 별세한 분의 장례에 집중한다. 사제 직무의 가장 큰 기능은 죽은 자가 천국에 갈 수 있도록 하느님께 빌고 비는 일이다. 중세교회는 거의 그랬다. 수십 년 전까지만 해도 교회에 초상이 나면 사제가 염까지 도맡아 했다. 현대에는 장례도 분업이 되어서 시신을 닦고 염하는 일은 장의사가 하고 영혼이 천국에 가도록 기원하는 전례 행위만 사제가 하고 있다. 만약에 매일 교인이 한두 분씩 사망한다면 사제는 장례 예식만 하게 될 것이다. 대형 교회에는 매일 장례가 있지만 목회자가 많기 때문에 적절히 분담하게 되어 교회가 하는 일에 큰 지장을 초래하지는 않는다. 그러나 사제 한 명이 담당해야 하는 작은 교회는 사정이 다르다.

사람들이 교회에 다니며 신앙을 돈독히 하는 가장 큰 이유는 죽어서 천국에 가고자 함이다. 이를 부인하는 사람도 있겠지만 피안의 세계가 있기 때문에 종교가 있는 것이다. 보수적인 생각이지만 특히 기독교의 궁극적인 목적이 죽은 후 천국에 들어가도록 돕는 것임을 부인하거나 부정하지는 못할 것이다. 교회는 구성원들 모두 구원을 받아 천국에 이르도록 안내하고 가르치는 기구이다. 그러니 별세한 분을 소홀히 대할 수 없다. 과학과 이성이 난무하면서 대부분의 요즘 젊은이들은 죽어서 천당에 가는 것보다는 살아생전에 공공선을 행하고 친교하며 종교적 감성을 고양하기 위해 신앙심을 갖고 교회에 출석하는 경우가 많다. 그러나 이들도 늙어 죽음이 가까이 온다면 천당을 생각하게 될 것이다. 이것이 인류의 역사이다.

학교가 연령에 따라 맞춤 교육을 하는 것처럼 교회도 맞춤 신앙교육을 한다. 젊은이들에게 '예수천당 불신지옥'을 주입한다면 어느 젊은이가 교회에 오겠는지, 또 고령의 신자들에게 대학 강의하듯이 성서 신앙교육을 한다면 어느 누가 귀 기울여 들을 것인지를 생각해야 한다. 그러나 남녀노소를 불문하고 기독교가 지닌 최고 불변의 가치관이 있다면 그것은 사랑이다. 교회에서 사랑이라는 이름으로 교육하고 실천할 수 있는 분야는 무궁무진하다. 사랑을 주제로 하는 눈높이 맞춤 교육도 그러하다. 우선 몸과 물질을 통해 사랑을 전할 수 있는 것으로서 불우이웃돕기, 호스피스, 노숙자 돌보기 등등 헤아릴 수 없을 만큼 많지만 이것을 어떻게 교육하여 측은지심을 통해 자발적으로 실천에 옮길 수 있도록 할 것인지가 관건이다. 이론 교육만으로는 지식만 쌓아 자칫 교만해지는 것을 도울 뿐 더 역효과가 날 수도 있다는 점을 유념해야 한다. 이론보다는 작은 실천을 할 수 있도록 성서 말씀으로 뒷받침해주는 것이 교회교육 방법으로 적절하다.

초대교회 정신의 으뜸은 나눔이었다. 나눔이 곧 사랑의 실천이라고 믿었기 때문이다. 부자들이 여러 가지를 챙겨와 교회에서 나누면 가난한 사람들은 자존심 상하는 것이 아니라 사랑을 받는 기분이었다. 부자들의 겸양은 이때 드러났다. 자본주의 사회가 된 이후 이 모든 덕성이 흐트러지고 말았지만 그래도 교회는 이를 지켜가려고 교육하며 수고하고 있다. 성모 마리아 노랫말은 부자들을 빈손으로 돌려보내셨다고 하는 극단적인 표현이지만 그래도 부자들은 부자임을 부끄러워했기 때문에 그런 노랫말이 가능했다고 생각한다. 생각해 보면 교회는 헌금을 받아 가난한 이웃들에게 나누는 징검다리 NGO 신앙 기관이다. 나누는 우선순위와 액수를 결정하는 기관이다. 교회란 이러한 사항을 모든 신자에게 보고하고, 나눔이야말로 주님께서 가르쳐 주신 사랑을 실천하는 최고이자 최선의 보람 있는 길임을 교육하고 고양하는 일을 하는 신앙모임이라는 것이다. 그러나 현대 교회는 목회자 사례비, 교회관리비, 교회 건축 확장비 등으로 헌금 대부분을 사용하고 있다.

박선달의 회심

성공회 사제 혹은 신자로서 돌아보니 자랑스러웠던 적도 있고, 부끄럽고 난처했던 적도 있었다. 영연방 국가가 아니기 때문에 국내에서 겪는 서글픔이 있다. 성공회를 가리켜 혹자는 가톨릭교회의 한 종파라고도 하고, 개신교도 아니고 가톨릭교회도 아닌 짜깁기 종단이라고 한다. "사제가 자식도 있네?" 사제의 자녀라면 초등학교 입학하면서부터 최소한 한두 번은 듣게 되는 난감한 말이다. 별로 중요하지 않은 사사로운 것 같지만 한국 문화에서 이를 겪어 본 성직자들과 자녀들은 난감하다. 부끄러운 것도 아니고 설명하면 될 일이지만 성공회를 잘 모르는 한국에서는 설명도 용이하지가 않아 아예 드러내고 싶어 하지 않는다. 여기에서 자긍심이 조금 무너지게 되는 경험을 하게 된다.

또 하나는 외부에서 듣게 되는 소위 '진보, 좌파' 교단이라는 별칭이다. 여기에는 자랑스러운 면과 아주 불쾌하고 억울한 면이 공존한다. 그러나 이 별칭은 성공회 신자로서의 자긍심을 크게 손상하지는 않는다. 성공회 교단이 이런 별명을 들을 까닭이 없었지만 민주화 운동에 성공회 성직자 몇 분이 이름을 올렸고, 성공회대 교수 몇 분이 매스컴에 오르내리면서 교단과 대학이 동시에 색깔을 입게 되었다. 이 역사도 만만치 않아 지금은 전통이 되고 말았다. 이 색깔이 선교에도 부정, 긍정 양면 모두 갖고 성공회를 널리 알렸다는 것이다. 그러니 심히 걱정할 일은 아니다. 이제 정권도 바뀌었고 점차 민주화되어가면서 교단과 대학의 색깔론도 서서히 사라지게 될 것이라 믿는다. 그래도 교단의 가장 큰 선교적 과업은 교인 수를 확장해 가는 일이다.

지난 2월 1910년대 일제강점하에서 조선성공회 선교를 했던 영국인 거니(Nicholas Gurney) 사제가 쓴 '박선달 회심기'를 유재근 사제가 번역 출판한 바 있다. '선달'은 본래 무과에 합격했지만 벼슬을 받지 못한 사람을 일컫는 조선시대의 명칭이다. 박선달이 박바울이 되고, 인순이 할머니가 노라가 되고, 수복이 어머니가 유니스가 되고, 수복이는 베드로가 되고, 인순이는 마리아가 되는 과정 중에 사제와 수녀님들이 어떻게 미신에 매어있던 이들을 전도하는지에 관한 글이다. 거니 사제는 기독교인이 화형과 고문과 매질과 죽임을 당하는 박해 속에서 "선비의 기개와도 같은 기독교인의 신앙은 굴하지 않고, 거룩한 교회는 압박과 가난한 사람들 속에서 더 순결하고 더 굳건하게 살아나온다"라고 했다. 지금은 기독교인이라고 해서 그 누구도 박해나 고문을 당하지 않는다. 모진 박해 중에도 신자가 되고 교인도 늘었는데 지금은 왜 전도가 어려운 것인지를 생각해 본다. 어려울 때는 의지할 하느님이 필요했고 지금은 아픈 사람이 아니면 대부분 물질에 의지하기 때문일까?

대한성공회 선교에는 장애물도 아주 다양하다. 앞서 기술한 내용도 그렇지만 성공회는 전례 교회라는 이유로 개신교회가 하는 부흥회를 불편하게 여겨왔고 그 부작용도 보아왔다. 그렇다면 점잖은 교회는 어떻게 선교해야 하는 것일까? 성직자의 신실한 친절함과 겸허, 교회의 사회봉사와 다양한 프로그램, 교회 건축물이 방법이 될 것이다. 이 중에서 대한성공회가 90점은 된다고 할 수 있는 것이 무엇일까? 지금은 과거처럼 성공회가 어떤 교단인지를 설명하지 않아도 되는 시기이다. 큰 짐 하나는 던 셈이다. 가톨릭교회처럼 대형교단이 아닌 한, 이 중에서 우리에게 가장 기본이 되며 우선되는 것은 성직자의 무한한 참을성과 친절함, 그리고 겸허함이다. 첨가한다면 높은 교육수준도 중요하다. 사제와 수녀가 악조건 속에서 박선달을 교회로 인도하던 모습은 섬세한 친절함과 끝없는 설득이었다. 성직자 한 개인보다는 팀이 되어 전도할 사람을 지속적으로 살피며 상담하고 돕는 길밖에 없다. 사제가 여러 가지 이유로 이를 피한다면 사제소명 중에서 자신에게 좋고 편한 것만 하겠다는 것밖에 안 된다. 결국 신학대학원 교육이다.

일상기도

가톨릭교회나 성공회와 같은 전례 교회는 공기도서에 따라 일상기도하는 것을 성직자나 수도자들에게만이 아니라 모든 교인에게 요구하고 있다. 과거에는 하루에 최소 두세 번, 조도와 만도, 종도를 했다. 이것은 하루를 살면서 믿음과 영성을 잃지 않고 항시 하느님을 기억하면서 자세를 흐트리지 않게 하고, 하루를 반성하게 하는 것이 목적이었다. 어떤 성직자는 성직자 자신이 교회이며 일상생활이 기도라고 말하는 이도 있었다. 언제나 기도와 함께 살아가는 성직자라면 그럴 수도 있겠다 싶었다. 그러나 그런 말을 하는 성직자치고 신앙과 영성이 풍성해 보이는 이는 드물었다. 고백하건대 필자가 그 좋은 예였다. 세월이 흘러 성직의 연수가 깊어지면서 일상기도에 관한 견해가 조금씩 변화되기도 했다.

신대원생들의 성무일과를 보면서 이들이 성직자가 된 후에도 지금만큼 일상기도를 할까 하는 의구심도 생기지만, 대학원 시절에 이러한 훈련을 엄격히 거치면 어느 순간에도 신학생 때의 초심을 잃지 않을 것이라는 확신이 생긴다. 군에 입대하면 제일 먼저 제식

훈련을 받는다. 도장에 가면 기본 동작과 낙법 같은 기초훈련을 긴 기간 반복하게 된다. 몸이 익혀서 어느 순간에도 조건반사처럼 행할 수 있도록 하는 것이다. 일상기도도 제식훈련과 유사하다. 평생 해야 할 기초훈련인 셈이다. 기초신앙 훈련을 게을리하면 일상에서 자세와 마음이 방만해지기 쉽다. 이것은 비단 성직자에게만 해당되는 것이 아니다. 평신도의 신앙 태도와 영성이 성직자만 못하다고 할 수 없으며 성직자보다 훨씬 더 숙연한 일상기도를 하는 분들도 많다.

필자 자신을 돌이켜 보면 다시 부끄러운 고백이며 자랑이지만 필자의 모친이 그러하시다. 성서 전체를 필사하신 노트를 보면 창세기 첫 글자 '한'과 계시록 끝 글자 '다'의 형태가 똑같고 흐트러짐이 없다. 그 과정에서 단 한 번도 필사하기를 포기하고 싶다는 생각을 품지 않으신 것은 그것이 매끼 감사식사 기도를 하는 것과 같은 것이라고 생각하셨기 때문이라고 한다. 지금은 필자가 보관하고 있는 필사 노트를 들여다볼 때마다 그 순간이 기도 시간과도 같다. 언젠가 한번은 어머니께서 신부님께 배워도 자꾸 잊어버리는데 묵주기도를 어디서부터 시작해야 하느냐고 물으시기에 아무 곳에서나 시작하셔도 괜찮다고 답했다가 꾸중을 들은 적이 있다. 새벽에 일어나시면 정수를 떠놓고 비는 그런 마음으로 공기도서를 펼치시고 기도하신다. 성직자라는 자식은 그 어미를 따라가지 못한다. 불초소생이라는 말이 적절하다. 모든 교인들이 다 그렇게 하지는 못하겠지만 형식을 그토록 중하게 여기시는 마음에 이미 영성이 충만

한 것이다.

　내용이 형식을 구축하지만 형식이 내용을 풍성하게도 한다. 제식 시간에 군인이 총을 어깨에 턱 걸쳐 매고 팔자걸음을 걷는다면 국민들이 군인들에게 믿고 맡긴 국토방위를 심히 염려하지 않을 수 없을 것이다. 성직자(목회자)와 기독교인(성공회 교인)은 먼저 자세에서 그런 모습이 자연스럽게 배어 나와야한다. 그럴 때 이웃들이 그로부터 기독교인다움(향기)을 보면서 영향을 받게 되고 존경하게 되며 사회가 변화하게 되는 것이다. 돌이켜 보면 옛 선배 성직자들과 교인들은 그런 아우라가 있으셨다.

　언제부터인지 교회가 세속화되고 정치화되면서 기독교인 냄새가 나는 것을 고리타분하게 여겼고 그즈음에 전례(형식)의 틀도 상당히 느슨해지기 시작했다. 성직자와 교인들의 이러한 자세로 인해 주변 사람들과 쉽고 가깝게 친교를 나눌 수 있는 장점도 있지만 동시에 이러한 자세가 부정적으로 세속화되어 가면 기독교의 타락을 지적받을 수도 있다. 시대에 맞지 않게 지나칠 만큼 성스럽게 보이는 것도 거리감을 주지만 지나치게 세속화된 것보다는 낫다는 것이다. 그래서 성공회는 중용을 택했을 것이다.

성직자의 개인윤리와 정치적 촉수

지난 2017년 8월 12일자 성공회신문 4면 신자 기고문을 읽고 사제로서 부끄러움에 그 글을 쓰신 교우님께 문자를 드렸다. 특정 주교와 주교원 그리고 성직자를 나무라는 하느님의 소리 같았다. 평신도들의 광야의 소리를 외면하지 말기를 간절히 바라는 통촉의 글이었다. 글 중에 가장 기억에 남는 것은 "구조를 탓하면서 개인윤리에는 철저히 무력하고 정치적 촉수는 과도하게 밝은 것이 성공회 성직자 특히 주교단임을 모르는 교인 없다"라는 내용이다. 이 내용을 반박하고자 함이 아니라 부끄러움으로 이 글을 쓴다. 물론 모든 성직자, 모든 주교가 그렇지는 않다. 아니 대부분의 성직자들은 그렇지 않다고 확신한다. 그러나 몇몇 성직자들에 의해 평신도들은 모든 성직자를 그런 시각으로 바라보게 될 수도 있다는 점이다.

성공회대학교 교수 중에 소위 '좌빨'인 교수는 없다. 그러나 소수 교수가 자신의 진보적인 정치적 성향을 대중매체를 통해 표현할 때 이를 보는 교인들은 성공회대학교 전체를 '빨갱이' 대학처럼 여긴다는 점이다. 총장이 아무리 해명을 해도 중도 혹은 보수적인 성향과 중도적 신앙을 고수하는 교인들은 결코 설득당하지 않는다. 언제부터 대한성공회가 교인들과 시민들에게 이렇게 각인되었는지 알 사람들은 다 안다. 문제는 그 이후에도 여전히 이런 성향이 지속되고 있다는 것이다. 진보적 성향의 사제들과 교수들이 은퇴하고 중도적인 사제와 교수가 영입되지 않는 한, 이러한 성향은 지속될 수밖에 없다. 그렇다면 중도적인 인물들이 성공회 사제를 지망하고 성공회대학교 교수에 지망할지도 의문이다. 왜냐하면 이미 진보적 성향이 전통이 되어버렸기 때문이다. 그나마 더 극단적인 진보로 흐르지 않도록 하는 보이지 않는 힘이 교인들로부터 나온 것이라고 생각한다.

일부 성직자와 교수가 정치적으로 어느 한 편에 치중한 것이 문제가 아니라, 불의에 눈 감고 있는 성직자와 교수가 더 문제인 것이다. 교회는 예수님을 따르는 모임이다. 예수는 불의에 침묵하지 않으셨다. 요즘 대형 교회들이 남발하고 있는 그런 축복은 주님께서 말씀하신 적이 없다. 투고하신 평신도가 주장하는 것은 성직자들의 정치적 성향을 탓하는 것이 아니라 성직자가 교회를 섬기고 자신의 영성을 고양하며 개인윤리에 철저해야 할 사제로서의 기본 사명은 게을리하면서 물질과 사회적 명성과 명예의 욕망을 찾아다니는 것을 탓하는 것이다. 이를 바라보는 평신도는 이러한 성직자가 왜 성직을 지속하려 하는지가 이상하고, 또 개인 출세를 위해 성직을 이용하는 것이 아닌지에 대한 의구심을 품은 것이다. 아니 그분의 글을 보면 그렇다고 확신하고 있는 듯하다.

그 글을 읽은 성직자가 얼마나 있는지는 모르겠지만 그 글을 읽고 부끄러움이 없었다면 그 성직자는 사제하기를 당장 포기해야 옳다. 오죽하면 평신도의 입에서 개인윤리에는 철저히 무력하고 정치적 촉수는 과도하게 밝은 성공회 성직자라고 했을까? 단지 한두 특정 성직자 때문에 그렇게 극단적인 표현을 했을까 싶다. 얼마나 많은 평신도들이 그 글을 보고 자신들이 하고 싶었던 말을 그분이 대신해준 것에 감사하며 속이 후련했을까 상상하면 사제로서 교회에 출석하여 교인들을 만나는 것이 치욕일 만큼 꺼려진다.

이런 모습을 보면서도 성공회를 떠나지 않는 평신도의 심경도 그 글에 나타나 있다. 필자 자신을 돌아보면 후배 성직자들에게 회개하라는 말을 할 자격조차 없지만 반면교사(反面教師)라는 말을 꼭 하고 싶다. 이미 고인이 된 명 여배우 오드리 헵번이 "그 누구도 내동댕이쳐져서는 안 된다"라고 했던 말이 떠오른다. 교회는 특히 특정인을 심판하거나 내동댕이쳐서는 안 된다. 이를 모를 리 없는 평신도가 오죽하면 이 글을 투고했을까 싶어 이 글을 쓰는 중에도 가슴이 저며 온다.

교회의 구조개혁

십여 년 전부터 국내의 모든 대학은 학령 인구감소로 인한 정부의 구조개혁 평가로 인해 몸살을 앓고 있다. 평가의 결과에 따라 입학 정원을 줄이고 정부 지원에 제한을 받기 때문이다. 그나마 서울에 소재한 대형 대학들은 평가와 관계없이 생존하지만 법인이 가난하고 작은 소규모 대학들과 지방대학들은 신입 및 재학생 충원율과 취업률, 그 밖의 다양한 지표관리 때문에 거의 매일 평가준비 회의를 하고 있다. 새 정부가 들어서서 새 교육부 장관이 임명되면 어떤 변화가 있을지 모르나 다음 평가는 기존처럼 있을 것으로 예측하고 대비하고 있다. 구조개혁이 필요한 첫 번째 원인은 학령인구는 감소하는데 비해 변화 없는 기존의 입학정원 때문이다. 이것은 비단 대학을 비롯한 교육기관만의 문제는 아니다. 인구가 감소한다고 해서 교인 수도 비례하여 줄어든다고 단정할 수는 없지만 그럴 가능성은 농후하다. 이미 가톨릭교회는 수십 년 전에 향후 헌금할 교인의 수와 그 열정이 과거 기성 신자들만큼은 못할 것이라고 예측하고 건축할 성당을 미리 건축하기 시작했다는 소문까지 있었다. 사실 여부를 떠나서 이 소문을 들은 것도 이미 십수년이 지났다.

성공회는 인구 감소에 따라 그동안 어떤 준비를 해왔으며 지금은 또 어떤 대비를 하고 있는지 궁금하다. 대학평가 항목에는 교직원은 물론 모든 재학생들도 참여하여 의견을 제시하도록 하고 있다. 교구도 교구장과 교무국장, 선교국장을 포함한 집행부만이 의견을 모아서 준비한다고 되는 일이 아니다. 교인들이 협조하고 동참하지 않는다면 아무리 좋은 계획일지라도 아무런 효과를 거둘 수 없기 때문이다. 의견을 조정해 가는 소통과정이 용이하지는 않겠지만 겪어야만 한다.

먼저 떠오르는 것은 성직자 중심이지만 교구의 부채상환, 현실이 요구하는 성직자의 질적 성장, 성직자 수급문제, 성직자 인사정책, 성직자 퇴직 후 노후생활 연금 등을 들 수 있고, 동시에 교회의 평신도에 대한 더 높고 진정한 관심도, 평신도가 참여할 다양하고 고급화된 신앙교육, 지역사회 봉사, 전도, 헌금 등이다. 여기에 우선순위는 없지만 교구는 중장기 선교정책의 목표를 설정하고 공청회를 해야 한다. 그러기 위해서는 지난 과거, 교구 안에서 가장 취약하고 낙후되었던 선교 분야를 회생할 것인지, 지속 발전하는 분야에 집중 지원할 것인지, 그 원인은 무엇 때문인지를 분석한 자료를 가지고 공청회를 하는 것이다.

한 예이지만 과거에도 거론되었던 일정 구역 안의 군소 교회들의 통합이다. 곧 항동교회가 부지를 마련할 터인데, 인근의 부천, 광명, 부평교회를 신축하는 항동교회에 통합하는 일이다. 물론 이

것이 해결책도 아니지만 공청회는 해볼 만한 사안이라고 생각한다. 열거한 전도구 교회 교인 수가 50-100명 이내라면 통합하면 300여 명 가까이 될 것이다. 250-300여명의 교인이면 그 어떤 프로그램을 운영해도 효과적으로 운영할 수 있는 수이다. 300명이 400명으로 증가되는 것이 50명이 60명이 되는 것보다 용이하다는 것은 부익부 빈익빈의 경제 논리와 같다.

전도구나 선교교회 숫자를 늘려가는 것만이 능사가 아니라 거꾸로 작은 교회들을 한데 모으는 것도 구조개혁의 일환이다. 한 건물을 사용하지만 다른 교회에 속했던 사람들끼리 액션 단체를 구성하여 서로 선의의 경쟁도 할 수 있을 것이고, 설교, 성서공부, 교리공부, 기타 프로그램들을 각 전공에 맞는 사제들이 담당하면 즐겁고 효과도 있을 것이다. 찾아보면 단점보다는 장점이 많을 성싶은데 마다하는 이유는 성공회에 속한 모든 교회의 재산이 유지재단에 속해 있고 개인 재산을 허용하지 않는데도 불구하고 그동안 교회를 위해 헌금해온 소속 교회에 대한 애착과 그 교회 자산에 대한 집착때문일 수도 있다. 이를 탓할 수는 없지만 더 바람직한 선교를 향한 구조개혁이라면 기득권을 포기할 수도 있어야 한다.

주교 선출과 징계

　　최근에 모 사목회(?)에서 발송한 '성직자 및 회장님들께 드리는 제언'이라는 서신을 받았다. 내용인즉 서울교구에서 교우들의 성직자에 대한 불신으로 인해 선교 동력이 훼손된 것을 묵과할 수 없어 교회의 본질적 사명을 회복하기 위해 몇 가지 사항을 제안하는 것이었다. 첫째, 교회 성장과 개척, 둘째, 교구 재산의 합리적 운영, 셋째, 교구 인사 시스템의 합리적 개선, 넷째, 사회선교의 체계적이고 전문적인 선교 방안으로 구성되어 있었다. 부가된 기도문은 교회의 본질을 찾자는 내용이었다.

　　그런데 공동체 구성원들 사이에 불신이 깊어진 원인은 생략되어 있었다. 추측건대 서신 내용에서 제안하는 사항들과 기도문 내용에 그 불신의 원인이 내포되어 있는 듯하다. 그러나 그 불신의 원인을 구체적으로 제시하지 않은 채 회개를 촉구하는 서신을 발송한 것을 보면, 표현하지 않아도 이 서신을 받는 사람들 대부분은 그 원인이 어디에서 기인한 것인지 대부분 인지를 하고 있음을 전제하고 있다. 그러나 대체로 서신이나 성명서의 내용은 구체적이며 정직하고 직설적이어야 전달력이 강하며 설득력이 있다. 차라리 서울교구 구성원들이 그동안 온갖 소문을 듣고 있듯이 현 서울교구장의 제반 치리가 그동안 복음적(?)이지 못했기 때문에 불신이 쌓이기 시작했고, 곧 주교 선출이 있는데 서신에서 제시한 내용을 구현할 수 있는 적절한 분을 선출해달라는 그런 요청서(선거운동?)라고 하는 편이 어울릴 것 같다.

그동안 수차례 성직자 차원에서 이와 유사한 주제로 포럼을 했던 것을 기억한다. 그러나 성직자들은 모이면서도 백날 모여 토론하면 무슨 소용이 있는지에 대한 회의를 갖고 있는 듯하다. 그 이유는 모두 동상이몽을 하고 있을 것이라는 추측과 함께, 결과가 도출되어도 집행할 기구가 없고 강제력도 없기 때문이다. 사제는 그의 품행과 과실에 따라 다양한 징계를 받지만 평신도에게 내릴 수 있는 징계는 출교뿐이다. 그러나 중세기도 아닌데 평신도 출교는 교회 치리에 효과적인 장치가 못 된다.

그렇다면 현재 주교에 대한 징계는 현실적으로 가능한 것일까? 대통령도 탄핵을 받을 수 있는 법적 장치가 있는데 21세기에 성공회 안에서 주교를 감독하고 감시할 구조체제가 유명무실하다면 그것은 중세기 유럽이나 다름없다. 열심히 기도하고 함께 회개하자고 하는 것은 '모두 내 탓이오'라고 하는 기독교인들의 기본자세라고 할 수 있겠지만 먼저 주교직에 대한 감독과 통제에 관한 법적 장치가 마련되지 않는 한 어떤 효과도 기대하기 어렵다. 그래서 어느 조직이든 상벌이 있고 징계가 있으며 포상이 있는 것이다. 이미 늦었지만 주교 선출 전에 주교를 통제할 법적 장치를 마련하는 것이 우선되어야 실효를 거둘 수 있다.

교회는 믿음과 서로의 신뢰가 바탕이 되는 공동체이지만 그 신뢰만을 믿고 조직이 운영될 수 있는 것은 소규모 가족교회일 때이다. 그러나 그 누구도 고양이 목에 방울을 매달려 하지 않는다. 그렇기 때문에 개인보다는 단체가 발의를 하는 것이 적절하다. 지난 2010년 6월 1일 현 서울교구장 주교가 전국의회 의장으로 선출된 직후에 있었던 개정안 논의 중에 주교에 대한 탄핵 심판과 아울러 '위법' 조치가 가능해야 한다는 개의안이 나왔다. 그러자 의장 주교는 개의안에 대해 다시 반론을 제기하는 대의원들의 의견도 추가적으로 종합하여, 개정안에 포함된 '조치'라는 표현이 그 밖의 모든 것을 포괄하는 것이며 자세한 것은 운영세칙에 포함되어 있다는 이유를 들어 기각했다. 주교를 통제할 수 있는 법적인 규정이 어딘가(?)에 다 들어있다고 하지만 상황에 직면했을 때 교회라고 하는 특성상 이 규정을 현직 주교에게 적용하여 실행하기가 용이하지 않다는 점이다.

주교직에 관해 설명하고 논의하려는 것이 아니다. 처음 주교를 선출할 때 가장 적임자일 것임을 예측하고 선출하지만 세월이 흐르면 주교, 사제, 평신도 모두가 변한다. 좋게 변하면 좋지만 그릇되게 변할 경우를 언제나 대비해야 교회는 건강해지고 선교가 활성화되는 것이다.

신자와 고위성직자

　모든 법인은 설립 목적에 부합하는 정체성을 지키고 법치적인 운영을 위해 정관, 규정, 규칙이라는 법을 제정한다. 종교단체도 마찬가지다. 특히 이단 사이비 종단일수록 교리와 규정(법)은 엄격하며 이를 지키려는 신자들의 결속력은 죽음도 두려워하지 않을 정도이다. 이들이 갖고 있는 공통점은 자신이 속해 있는 집단의 교리와 교세 확장 및 이익에 대한 집착 때문에 외부로부터의 비난에 대해 매우 과민한 반응을 보인다. 누가 보아도 공정하지 못하고 정의롭지 못한 것에 대하여 저항하는 행위를 제외하고, 자신들에 대해 공격하는 외부세력에 대해 민감하게 반응하는 것은 정치적으로, 신앙적으로 극보수 그룹과 극진보 그룹에서도 유사하게 나타난다.

　국내 기독교의 다양한 교단은 저마다 나름의 신앙적 특질을 갖고 있다. 원래 하나였지만 한 집단 안에서 서로 다르게 성서를 해석하는 그룹과의 갈등 외에도 교단의 지배구조에 대한 정치적 이권으로 인해 교파와 교단이 갈라지게 되는 경우가 대부분이다.

　세계성공회는 타 교단에 비해 법규가 세밀하지 않음에도 불구하고 무려 500년 동안 분열이 없는 자랑스러운 교단이다. 분열이 없었다는 것 하나만으로 그동안 성공회 안에 교리 논쟁과 이권 다툼이 없었다고 증명할 수는 없다. 그러나 타협과 타의 중재를 통해서 성공회의 정체성과 전통을 이어왔다고 말할 수 있다. 이것은 서로 극단적인 주장을 하는 것을 조심해 왔고 또 자신과 다른 의견을 경청하며 잘 조정해왔기 때문이다. 이것이 성공회 전통이다. 그러나 대한성공회 안에는 최근 소수의 사람이 성공회 교단과, 한 사안에 관련된 구성원을 향해 극단적인 비난 언행을 하면서 교단을 시끄럽게 한 바 있다. 이들이 진실로 성공회 신자인지에 대한 의구심은 여전히 있다.

교회는 신자들과 성직자들로 구성되어 있다. 신자들은 부득이한 경우가 아니면 매 주일 감사성찬예식에 참석해야 할 의무가 있고 교회가 마련하고 있는 다양한 프로그램에 참석하며 헌금을 해야 한다. 교인으로서의 최소한의 의무도 행하지 않으면서 교회 밖에서 교회 내 구성원들을 향해 자신의 소리만 주장만 하고 있다면 정상적인 신자라고 보기 어렵다. 정부를 향해 시위를 하는 국민들도 4대 의무는 준수하고 있다. 이들은 교회가 검찰청 같은 강제집행기구가 아니기 때문에 이를 이용하는 것이 아닐까 하는 생각까지 들게 한다. 이러한 행위들이 교회의 질서를 어지럽힘에도 불구하고 성공회는 이를 법적으로 문제 삼지 않고 적극적인 대응도 하지 않는다. 이단 사이비 종단들과는 상극된 반응을 보인다. 그들이 비난 행위를 반복하다가 지쳐서 중단할 때까지 그저 방관하는 편이다.

성직자들도 마찬가지이다. 한 고위 성직자가 어떤 사안에 관련된 문제를 놓고 스스로 법적으로 문제될 것이 없다고 주장하는 것은 교단을 부끄럽게 하는 일이다. 이런 말은 세상 사람들이 세속법정에서나 하는 말이다. 성직자는 법보다는 자신의 성서적 양심과 도덕 그리고 공동체의 질서와 권익을 먼저 계산해야 옳다. 교회의 최고 책임자가 자신의 관할 교구 관리와 치리를 잘못한 것 외에 딱히 법적으로는 잘못한 것이 없다고 주장한다면 그는 최고책임자의 직무가 무엇인지를 인지하지 못 하고 긴 세월 책임자 노릇을 해 온 것이다. 세속 법에 비추어 불법 행위의 증거가 없기 때문에 법적으로 문제가 없다고 할지라도, 이미 그에 대한 공동체의 존경과 인심은 떠나게 되는 것이다. 어떤 기회에 명예를 조금이나마 회복할 수 있는 기회가 온다면 그는 사욕을 거두고 서슴없이 공동체가 원하는 길을 따라야 그나마 명예를 회복할 수 있다. 그러나 어리석게도 억울하다고 주장하며 회복할 기회를 사욕으로 채워버리는 경우가 대부분이다.

교회의 변화

어느 미래예측 전문가의 말에 따르면 2017년에 태어난 아이는 142세까지 살 것이라고 한다. 인공지능의 개발로 인해 많은 직업들이 사라지겠지만 마지막까지 남을 직업은 치과의사와 성직자라고 한다. 그리고 지구 최후의 날이 와도 바퀴벌레와 곰벌레는 살아남을 거란다. 재미삼아 등식을 세우면 성직자와 바퀴벌레는 이래저래 오래 살아남을 직종과 생명체이다. 이것만으로 성직자로서 다행인 건지, 부끄러운 건지, 자랑스러운 건지를 판단할 것은 아니지만 긴 생명만큼 그 몫을 해야 할 중압감이 있다.

성공회 사제 정년 65세를 타 교단과 같이 70세로 연장하자는 안이 수년 전 전국의회에 상정되었는데 부결되었다. 100세 시대이니 연장하자는 의견과 성직자 수급과 인사적체, 그리고 교인과 교회 증가수를 고려하면 65세 퇴직이 적절하다는 의견, 교회재정이 어려우니 웬만한 교회는 호봉이 높은 성직자를 감당하기 어려울 것이고 교회마다 가급적 젊은 사제를 원할 것이라는 의견, 교단이 퇴직 성직자에 대한 노후대책을 마련하지 못한 상태이기 때문에 65

세는 너무 이르다는 등 의견이 분분했다. 성직자로서는 서글픈 의견들이지만 이 문제는 후배들의 몫이 될 것 같다.

하느님께서 다 먹이시고 입히신다는 말씀은 있지만 가족이 있는 대부분의 성직자는 재물과 무관하게 살아갈 수 없다. 교회 발전을 위해 청빙제도를 부분 시행하고 있지만 이것이 모든 성직자들에게 좋을 수는 없다. 성직자는 가난해야 한다는 말은 어디에서 근거한 것일까? 지나치게 가난하게 되면 밖을 기웃거릴 수도 있게 된다. 생활이 안정되어야만 본직에 충실할 수 있다. 성직자가 밝아야 교회가 밝아지고 또 세상이 밝아진다. 특히 음악 분야에서는 평신도에게 신앙의 이름으로 무보수 봉사하기만을 요구하는 시대도 지났다. 평신도에게 과도한 헌금 요청도 무리이다. 모두가 재정과 관계가 있다.

이를 타개하려면 결국 교세를 확장하는 전도밖에 없다. 인구는 줄고 젊은이의 문화와 정서는 다른데 교회는 과거 곤충 채집하던 시절의 정서를 간직하려고 한다. 기성 성직자들과 교인들이 변화를 도모하기보다는 젊은 성직자들과 어린이, 청소년들을 귀하게 여기며 이들의 양육에 노력해야 한다. 이에 따라 교회 프로그램과 설교도 변화해야 한다. 곧 이들이 선교의 주역이 되기 때문이다. 변화가 싫겠지만 그래도 기성세대가 젊은이들의 문화를 기꺼이 포용해야만 교회가 변화할 수 있다. 동시에 기성 성직자들과 평신도들이 젊은이들의 문화를 외면하지 않고 이해할 수 있도록 돕는 프로그램도 함께 병행해야 교회의 미래가 밝아질 것이다.

주교좌교회 주차장

전임 주교 재임 때 서울시의 지원으로 교회 앞 세무서 건물이 사라지면서 서울 주교좌교회의 모습이 온 시민들 앞에 드러났다. 수십 년 전, 세무서 건물이 건축되기 이전의 풍경으로 되돌아가서 모든 교인들은 기뻐하며 자랑스러워한다.

지금 교회가 사용 중인 주차장 부지에 대해 서울시의 30년 장기 임대 요구를 전임주교가 잠정 수용한 것이 문제가 되고 있다. 주교 좌교회 교우들은 걱정이 크다. 교회의 공공성과 함께 서울시가 세무서 건물을 허물어 준 것을 생각하면 마땅히 지금 사용 중인 주차장을 개방하고자 하는 서울시의 요구를 수용하는 것이 교회다운 것이다. 반면 태극기와 촛불집회 그리고 노숙자들의 모습을 경험하면서 교회 마당이 이들에게 종종 점령당하는 것이 아닐지 걱정한다. 주차장이 작은 광장이 되면 이것을 누가 어떻게 관리할 것이며, 주일에 노상 방송하는 소음을 어떻게 막을 것이며, 교인들의 주차는 어떻게 해결할 것이며, 문화재 건물인데 급기야 훼손되고 붕괴하지는 않을지 등등 나열할 수 있는 염려는 상상하고도 남는다. 그만큼 교인들은 교회를 고향집 이상으로 애착하고 있다.

이 문제를 주제로 공청회를 하고자 했으나 무슨 연유인지 연기되었고, 지난 주교좌교회위원회에서는 주차장 부지의 장기 임대를 거부하는 것으로 의결하고 이 과제를 교구로 넘겼다는 소식을 들었다. 무지한 교인들이 아닌 이상 교회의 공공성을 간과하며 이런 결정을 했을 것이라고 생각하지 않는다. 약 300여 평 규모의 부지를 30년 장기 임대하는데 40억 원이 채 안 되는 액수도 문제이지만, 지하에 교회 주차장을 마련하는데 소요되는 경비 마련과 최소 2년여의 공사 기간에 발생할 번잡함도 피하고 싶을 것이다. 더 중요한 것은 문화재가 혹이라도 손상되지 않을까하는 염려이다. 전문가에 의하면 주교좌교회의 지층은 매우 안전할 뿐만 아니라 토목기술이 워낙 발달하여 그 어떤 피해도 없을 것이라고 하지만 교인들은 불안해한다.

이제 교회는 서울시로부터 비난을 받게 될 처지가 되고 말았다. 비난이 중요한 것이 아니라 성공회는 시민들로부터 더 이상 열린 교회가 아니라 이기적이며 폐쇄적인 여타 중대형 교회들과 다름없는 수준의 교회로 추락할 가능성이 짙어졌다. 서울 주교좌교회는 대한성공회의 상징이며 이미지이다. 이 모교회가 사회로부터 이런 비난을 듣게 된다면 선교도 어려워지게 된다. 교회와 서울시와의 관련된 계약서를 확인한 바 없이 세무서 건물을 허물어 줬더니 이제 와서 교회가 등을 돌린다는 악소문이 돌 가능성도 있다.

굳이 서양의 교회를 예로 들 필요도 없이 전 세계의 교회들이 공공성을 지향하며 지역사회와 소통하고 있는 것은 시대의 요청이기도 하며 예수 그리스도의 뜻이기도 하다. 주일 설교 때마다 억눌린 자, 가난한 자와 더불어 살아가자고 선포하면 아멘으로 응답하지만 정작 자신의 교회가 담을 허무는 것에는 몹시 주저한다. 대학도 이번에 구조개혁하면서 학과의 담을 허물기까지 무려 5년이 걸렸다. 구조개혁을 모두 찬성하지만 자신이 속한 학과는 간섭하지 말기를 바라는 집단 이기주의 때문이다. 조금 더 미래를 내다보고 교회의 공공적 책무를 생각하며 주님의 말씀을 묵상해 보면 해답이 나올 것이라고 생각한다. 이것이 기도이다.

그동안 성공회의 선교가 부진했던 가장 큰 원인 중의 하나가 가족중심주의 때문이라는 진단도 있었다. 성공회에서 새신자로 처음 한두 해를 생활하기가 타 교단 교회의 새신자 생활에 비해 수월하다고 할 수는 없다. 지금은 새신자 교육과 이들을 안내하는 교육을 통해 많이 개선되었지만 사람들은 서울 주교좌교회에 와서 느끼게 되는 냉랭할 만큼의 무관심성을 폐쇄성과 동일시 할 수 있다는 점을 유념해야 한다. 교회를 사랑하는 방법은 다양하지만 교회의 기본사명은 공공성과 열림을 통한 선교가 아닐까 생각한다.

내 주를 가까이하게 함은

신앙인들은 "내 주를 가까이하게 함은 십자가 짐 같은 고생이나 내 일생 소원은 늘 찬송하면서 주께 더 나가기 원합니다"라고 노래한다. 요즘은 주님과 멀어질수록 살기에는 더없이 즐겁고 편한 세상이다. 그런데 신앙인들은 고생인 줄 알면서 왜 주님께 더 가까이 가려고 하는 것인지 비신앙인들은 이해하지 못한다. 이 고생 안에는 분명 무언가 좋은 점이 있기 때문이다. 그 때문인지 수도승들은 갖은 고생을 마다하지 않고 주님과 기꺼이 더 가깝게 살아가고자 기도하며 수고한다.

대부분의 교인들은 주님께 가까이 다가가면서 일상을 살아가는 것이 쉽지 않다. 일요일에는 쉬고 싶고, 가족과 간단한 여행도 하고 싶고, 취미 생활도 하고 싶은데 일요일의 상당한 시간을 교회에서 보내고 월요일에 출근해야 하는 육적, 심적 부담이 크기 때문이다. 그러나 주님께 가까이 다가가고자 하는 간절한 욕망이 있다면 주일은 월요일부터 시작되는 한 주간을 흥겹게 만드는 신비한 기적의 힘이 있는 영적인 날이라는 것을 기억해야 한다. 이런 고귀한 욕망보다 더 재미있는 세속적인 욕망이 커서 유혹에 빠지는 사람은 그만큼 주님으로부터 멀어져 가게 된다. 후회해도 소용이 없는 시간이 오면 그 대가를 받으면 된다. 이 세상에서 누릴 것을 다 누린 대가는 주님 앞에서 그 값을 치르면 된다.

그러나 신앙인일지라도 이런 날이 자신에게 분명히 올 것이라고 과학적으로 믿는 사람은 많지 않다. 그렇기 때문에 유혹에 빠졌던 것에 대해 마음으로는 후회하면서도 종종 주일을 거르고 다시 유혹에 빠지게 된다. 욕망이 이끄는 대로 막살아가면서 심심풀이로 교회에 출석할 것인지, 아니면 세속의 유혹을 차단하고 주일을 엄수할 것인지 한쪽을 선택하는 길밖에 없다. 내 믿음이 확고하지 못해 인생이 뿌연 거울 같다면 김 서린 거울을 닦아 내면 된다. 하지만 김 서린 거울에는 가정, 친구, 욕망 등이 혼재되어 있기 때문에 닦아 내기가 쉽지 않다.

냉담자가 신심을 되찾고자 하는 마음이 있을지라도 누군가 곁에서 돕지 않으면 그가 교회 출석을 해도 금주, 금연하듯이 작심삼일에 그치기 일쑤다. 그러나 돕는 일을 아무나 하면 냉담자는 더 어려워질 수 있다. 지금 성공회 상황을 보면 세실대학 출신의 평신도가 제단에서 사제를 돕는 일도 중요하지만 재학 중에 냉담자와 전도에 관련된 교과목을 필수로 이수하고 이들을 위한 선교담당자로 활약하는 것도 시급하다. 동시에 교회는 예배를 포함한 전반적인 교회 생활의 즐거움을 과거보다 더 다양하게 제공해야 한다. 내 주를 가까이하는 것이 고생이지만 꼭 고생으로만 주님께 다가가는 것은 아니다. 고생으로 십자가를 지는 것과 기꺼이 기쁨으로 지는 것에는 엄청난 차이가 있다.

과거에는 고생이었을지 모르지만 교회는 그 고생을 고귀한 기쁨으로 승화시켜줘야 할 몫이 있다. 따라서 예배도 고전적인 답습보다는 현 시대의 정서에 맞는 창조적 예배로 변화해야 한다. 급변하는 사회문화 속에서 올곧이 100년 전의 주일 감사성찬예식이 변화 없이 지금까지 지속되고 있는 것은 기적이다. 교인 대부분은 과거의 일반 주택에서 아파트로 이주를 했지만 교회의 형태와 예전은 과거와 변함이 없다. 앞으로 교회의 양태와 예배도 다양하게 마련되고 변화해야 한다.

교구마다 다양한 위원회가 있다. 위원회의 명칭과 업무도 변화해야 한다. 예를 들어 전례위원회라면 상설로 교회력에 따라 다양한 예배를 개발해야 한다. 건축위원회라면 새롭게 개발되는 예배를 담을 수 있는 유연한 공간을 구축하는 것이다. 각 위원들의 짐이 더 무거워지겠지만 위원회가 활성화되어 여기에서 산출된 것을 일선 교회에서 구현한다면 교회의 규모를 떠나서 주께로 가까이하려는 고귀한 욕망이 세속의 욕망을 누르게 될 것이다. 이럴 때 다니고 싶고 머물고 싶은 즐거운 교회가 된다.

교회 건달

건달이란 하는 일 없이 빈둥빈둥 놀거나 게으름을 부리는 사람을 일컫는다. 건달이 타인의 생활에 해를 입히는 경우가 있는데 대개는 그가 꼭 어떤 나쁜 짓을 해서라기보다는 그의 행태가 주변인에게 좋지 않은 영향을 주는 경우이다. 건달은 어느 사회, 어느 조직에나 있다. 하물며 가족 안에도 있다. 건달이 되는 것은 의도적인 경우도 있겠지만 대부분 환경과 기질로 인해 자연 발생하는 경우가 많다.

교회는 구성원들의 동일 목적과 신앙심으로 인해 다른 사회조직에 비해 공동체 밀도가 높은 단체라고 할 수 있다. 그런데 교회 안에도 건달이 있다는 것이다. 오래된 교인이기 때문에 교회의 생리를 너무나 잘 알고 있음에도 불구하고 헌금을 전혀 내지 않든지 수입에 비해 소액이거나 일정하지 않고, 교회 프로그램에 참석은 하지만 끝까지 자리를 지키지 않고 들락날락하거나, 11시가 예배 시작인데 어디에 있다가 나타나는지 감사성찬예식 즈음에 교회 안에 들어온다든지, 예배 후에 봉사 활동을 하기보다는 이곳저곳 기웃대면서 참견한다거나, 몇몇이 모여 있는 모임에 끼어들어 특정인에 대한 비방을 일삼는 사람을 가리켜 교회 건달이라고 할 수 있다. 몇 차례 경험을 한 교인들은 이런 사람을 슬그머니 피하기 시작한다. 그러나 건달은 교인들의 반응에 아랑곳하지 않는다.

교회 안에 건달이 없다면 교회가 건강해질까? 그 건달이 사라진다면 다른 건달이 생기지 않을까? 100명이 있는 조직을 보면 이를 이끄는 사람이 10명 정도이고 건달도 10명 정도 있는데 건달을 파면시켜도 총원의 10% 정도는 건달이 지속 발생한다는 것이다. 그러나 건달이 어떤 계기가 있어 마음만 잡으면 그 누구보다 열정적으로 참여하면서 맡은 책임을 다하는 경우도 많다. 교회는 건달을 피하거나 비난할 것이 아니라 그 조직 안에 깊숙이 들어올 수 있도록 배려하고 도와주어야 한다. 대개 건달은 조직에 있고 싶으나 묘한 자존심과 환경으로 인한 반골 기질 때문에 방관자로 주변을 어슬렁거리며 부정적으로 참견하게 된다.

대형 교회의 경우 어떤 문제가 발생하면 교회 건달들이 분란을 조성하는데 큰 몫을 하게 된다. 자신의 존재감과 역할을 드러내고 인정받을 절호의 기회라고 생각한다. 교회의 주된 인물들과 손을 잡고 뒷소문을 내면서 자신의 주변에 있는 조직 깡패까지 동원하는 경우도 있다. 건달들은 대체로 부정적인 편에 서서 행동을 하는데 이에 대한 물질적 보상이 따르기 때문이다. 성공회 안에도 건달이 존재한다. 언급했듯이 교회에 꼬박 출석하는 건달도 있지만 교회 생활을 하지 않으면서 이름만 올려놓고 SNS나 온라인 카페를 통해도가 넘게 교회 공동체를 무리하게 휘젓는 경우가 있다. 이들은 공공성을 표방하지만 허물을 잡으면 이를 확대하여 공동체의 분란을 획책하기도 한다. 넓은 의미에서 이들도 교인이라고 할 수 있을지 모르겠으나 교인은 회원과 같아서 교회에 대한 소정의 의무를 해야만 한다.

그러나 교회 건달이 교회에 꼭 부정적인 것만은 아니다. 반면교사의 교훈이 될 수도 있고, 이들이 지적한 것이 교회가 옆길로 가지 않도록 자극을 주기도 한다. 이들은 교회 안에서 분명 소수자이므로 교회의 속성상 이들까지 보호해야 한다는 특성 때문에 교회 공동체는 곤혹을 치르기도 한다. 교회는 적극 대응할 것 없이 소수의 좋은 의견으로 받으면 된다. 교회 안에 분란이 일거나 분열이 일어나서는 안 된다는 것을 악용하기도 한다. 이런저런 건달들의 소리가 어느 경우에는 경직되고 교조화되고 기득권이 강한 교회 안에서 경종의 소리로 들리는 경우도 있다. 교회가 고장나지 않으려면 아주 사소하다고 여기는 부품도 중히 여겨야 한다. 덜그럭거리는 하나의 나사못이 어느 순간 사고를 부를 수도 있기 때문이다. 교회 건달은 필요악일 수 있지만 교회는 품어 안아야 한다. 그래야 좋고 건강한 교회이다.

드러내어 자랑하기

　어느 집단이나 유난히 자신을 드러내어 무언가라도 자랑하고 싶어 하는 사람들이 있다. 외모가 출중해서가 아니고 출세한 사람이어서도 아니며 백과사전 같은 지식을 갖은 사람이어서도 아니다. 남이 볼 때 그저 평범하거나 오히려 그 이하인 듯 보이는데도 기질적으로 매사에 자신을 과대 포장하여 드러내려는 사람이 있다. 자존감이 낮거나 콤플렉스가 많은 사람들의 일반적 현상이다. 이런 사람의 이야기를 듣고 있노라면 아니꼬움과 인내심의 한계에 부딪혀 끝내 '너만 잘났냐? 나도 잘났다'며 대응하는 사람이 나온다. 따지고 보면 이런 식으로 대응하는 사람도 그와 유사한 사람이다. 단지 먼저 사람에게 선수를 빼앗긴 것일 뿐이다.

　너덧 사람이 모이면 총 대화의 70% 이상을 독차지하는 사람이 있는데 성장 과정 중에 자신을 드러내지 못하면 열등한 존재로 취급당하는 환경 속에 있었던 것과 그의 내면의 기질까지 겹쳐 극대화된 것이 그 주원인이다. 이런 현상은 나이가 들수록 더 심해지기도 한다. 이런 기질의 사람이 모임의 일원이 되면 그 모임을 즐기는 사람이 있기도 하지만 대부분 그를 피하게 된다. 잘난 척하는 사람과 함께 있다 보면 왠지 짜증이 나고 내가 왜 이런 사람과 소중한 시간을 소비해야 하는지에 대한 자괴감마저 들 때가 있다.

부끄럽지만 이런 부류의 사람은 다른 집단보다 더욱 겸손해야 하는 교회 안에서 많이 발견된다. 가정이나 사회에서 별로 인정받지 못하지만 교회에 오면 사소한 일에도 인정받을 수 있는 기회가 많고 이를 통해 나름 심리적 보상을 받기 때문이기도 하다. 한 번 칭찬이나 인정을 받게 되면 그 자존감이 엉뚱하게 높아져 시간과 장소, 모임의 구분 없이 자신을 드러내기 시작한다. 그 자랑의 종류도 다양하다. 재산, 가족, 여행, 하물며 자신이 타는 승용차 자랑까지 서슴지 않는다. 이런 부류의 사람은 같은 내용의 말을 수없이 되풀이한다. 어느 모임에서 자랑했는지조차 잊기 때문이다. 정작 잘난 사람들은 겸손한 경우가 많다.

교회에 출석한다는 것은 신앙생활의 중요한 행위 중 하나이지 자신을 남과 비교하기 위해서, 혹은 자신을 드러내기 위해서 다니는 것이 아니다. 과거에는 주일에 교회 출석할 때만 입는 옷을 구비해 놓은 가정이 있었다. 화려하거나 고급의 옷이 아니라 가급적 무채색으로 아주 정갈하게 준비해 놓은 옷을 입고 예배에 참석했다. 요즘은 교회 출석할 때의 의상이 다채롭다. 주일 예배에 참석할 때는 최소한 주님에 대한 예의를 갖추는 것이 신자의 도리이다. 예의를 갖춘 복식은 남의 복식과 비교할 필요 없이 평소 자신이 소유한 옷 중에서 가장 정갈한 옷이라고 생각하는 옷이면 좋다. 남성의 경우 양복 정장 차림을 했을 때와 군복을 입었을 때의 행동은 사뭇 다르기 마련이다. 예배 공간에 있을 때와 재래시장에 있을 때의 행동이 다를 수 있다는 점을 염두에 두면 어떤 옷을 입고 교회에 가야 할지 선택할 수 있다.

또 장소에 따라 행동과 마음가짐도 비례한다. 요즘은 주일 예배 후에 여가를 즐기려 하는 경우, 편한 여가복 차림으로 예배에 참석하는 경우가 많다. 교회는 이를 나무랄 수 없다. 이런 차림이 일상이 되면 예배 후 특별한 계획이 없어도 습관적으로 그런 편한 차림을 하고 교회에 출석하게 된다. 누군가 헌금을 어느 정도 해야 되느냐고 물었을 때 약간 아까운 생각이 드는 만큼이 적당하다고 답한 적이 있다. 나를 드러내는 것은 이와 반대로 조금 아쉬운 만큼이 적당하다. 교회 출석할 때의 복식은 스스로 어색한 마음이 들지 않는 정갈한 옷이 좋다. 이것저것 따져가면서 교회에 출석하기가 불편하겠지만 모임과 장소에 따라 최소한의 예의를 갖추는 것은 극장 안에서 고함을 지르지 않아야 하는 것만큼 어려운 일이 아니다. 굳이 자신을 드러내지 않아도 평소 그의 태도로 됨됨이를 아는 것이 사회이고 교회이다.

양 같은 교회, 염소 같은 교회

염소가 명예훼손으로 고소할 이야기지만, 마태복음 25장 32-33절에 보면 주님께서 최후의 심판 날에 모든 민족을 불러 모아 놓고 이들을 염소와 양을 구분하듯이 나누어 양은 주님의 오른편에, 염소는 왼편에 두겠다고 한다. 양은 구원받은 자요, 염소는 그렇지 못한 자들이다. 중세 고딕 성당 출입문 상인방(팀파눔)에는 그런 그림이 부조되어 있다. 그렇다면 주님께서는 최후의 심판 날에 세상에 있는 교회들도 양 같은 교회, 염소 같은 교회로 나누시리라고 믿는다. 자신부터 먼저 가늠해봐야 하지만 교단으로 구분한다면 대한성공회는 양일지 염소일지, 또 세 교구는 각각 어느 쪽에 있을지, 더 구체적으로 자신이 속한 교회는 어디에 속할지, 교구는 염소인데 그 안에 있는 교회가 양일 수 있을지, 그 반대로 교구는 양인데 그 소속 교회는 염소일 수도 있을지 생각해 볼 필요가 있다.

양과 염소의 구별은 인간이 하는 것이 아니라 하느님께서 하신다. 그러나 사람들도 구분할 대상의 행적을 미루어 봐서 그 대상이 양일지 염소일지를 구분할 수 있는 이성과 도덕성을 지니고 있다.

예정설을 신봉하지 않는다면, 정말 착한 사람이라고 모두가 신임하는 사람까지 하느님께서 지옥에 보내실 리 없다는 것을 믿고 싶어 한다. 모든 세상이 양이면 좋겠지만 아직 때가 되지 않아서인지 하느님께서는 아직 세상을 그렇게 만들지 않고 계신다. 하느님께서 세상을 온전한 양으로 만드실 때가 언제일지, 하느님 나라가 언제 이 땅에 도래할지 모르지만 기독교인들은 각자의 가정, 일터, 교회를 통해서 하느님 나라를 맞이할 채비를 하고 있다. 그 채비를 하는 중에 시행착오도 있겠지만 시행착오는 하느님께서 참작해 주실 것이라고 믿는다.

그러나 기독교인, 성직자, 교회들이 하는 행태를 보면 그것은 시행착오가 아니라 하느님이 계시지 않다는 것을 스스로 보여주고 있는 듯하다. 어떤 대형 교회들은 아주 작심을 하고 적그리스도, 적교회적인 작태를 도덕성과 공공성을 무시한 채 행하고 있다. 이들에게는 성직이 지위와 명예, 권력이 되며, 교회가 그들의 경제활동의 주된 무대이다. 교회연합기관장 자리는 교단의 힘 있는 자들끼리 돌아가며 나누어 먹기식 같은 인상을 준 지 이미 오래다. 충분한 자리를 차지하고 있음에도 불구하고 후배와 후학을 양육할 의지보다는 자신의 이권을 더 챙기려는 사람은 누가 봐도 염소이다. 이들은 말로만 최후의 심판을 말할 뿐, 최후의 심판을 믿지 않고 교회를 자신의 이익 증대 수단으로 이용하기 때문에 교회를 분열시켜가면서 자신의 욕망을 채워가는 것이다. 비록 자신이 개척해서 대형 교회로 성장시켰다고 할지라도 헌금은 교인들에게서 나온 것이지 그 목회자 개인 소유가 아니다. 다행히 대한성공회나 가톨릭교회는 이 문제만은 발생하지 않으니 퍽 다행이다. 교회가 사회로부터 비난을 받는 가장 큰 원인은 교회가 개인 소유인 양해서 빚어지는 사건들 때문이다.

대학마다 최고경영자과정이 있어서 이를 통해 대학이 수입도 늘리지만, 이 동문회를 통해 서로 친교하며 인맥으로 사업에 도움을 주고받기도 한다. 이와 유사한 목적을 갖고 교회에 출석하는 사람들은 교회가 자신의 사업에 도움이 되지 못할 때 곧바로 출석 교회를 바꾼다. 그래서 대형 교회는 더 대형화되고 작은 교회는 더 축소되기도 한다. 이것이 현대 사회의 생리라고 할지라도 교회마저 이렇게 물들어 버리면 교회가 고장나고 결국 사회는 더 고장나기 마련이다. 자신의 교회에서 이런 일이 지속 발생하는 것을 수수방관하거나 동조하면서 하느님 나라의 도래를 준비한다면 염소 새끼나 다름없다는 것을 하느님께서 모르실 리 없다.

그럼에도 불구하고, 교회에 염소도 오지만 그 염소도 회개하면 구원 받을 수 있는 통로라는 것을 교회 자신부터 깨달아야 한다.

고장나는 교회

"개똥밭에 뒹굴어도 저승보다는 이승이 낫다"라는 말이 있다. 저승 같은 삶을 경험해 본 사람이기에 이렇게 단언했다고 생각한다. 르네상스기의 보티첼리나 보쉬의 지옥도를 잘 살펴보면 그 텍스트는 단테의 신곡이고, 그 신곡은 성서에 기초를 두고 있다. 당시 사람들은 지옥을 잘 믿지 않았지만 지옥도를 본 사람들은 지옥을 믿기 시작했다고 한다. 그때부터 500여 년이 지난 현대인들에게 지옥이 있는지에 대해 물으면 갖가지 답을 들을 수 있다. "지옥이 따로 있냐, 지금 사는 것이 지옥이지"라는 말과 "천당과 지옥은 마음에 있는 것"이라는 답을 가장 많이 들을 수 있다.

대체로 피안의 다른 공간인 지옥의 존재를 과학적으로 수용하는 이들은 그다지 많지 않다. 이유는 초기 기독교 시대와는 다르게 과학과 이성의 발달로 인해 성서에 그려진 지옥의 내용을 글자 그대로 믿지 않기 때문이다. 그러나 현대에도 극보수적인 신앙인들은 성서에 나타난 지옥의 존재를 그대로 믿기도 한다. 삶에서는 이성(과학)과 신앙이 분리되기도 하고 서로 충돌하기도 하는데 신앙인들의 경우 종종 신앙이 이성을 누른다.

극보수적인 신앙인들도 성서 내용과 지옥을 믿는다고 고백은 하지만 그들의 삶은 그다지 지옥을 두려워하는 것 같아 보이지 않는다. 성서에 비추어보면 분명히 지옥에 갈 상황인데도 용서가 필요할 때 이성을 앞세우며 남을 용서하기를 머뭇거린다. 그러다가 신앙집회에 참석하게 되면 가장 독실한 신앙인의 모습으로 변모하기도 한다. 비신앙인들은 신앙인들의 이러한 이중적인 모습을 보면서 교회와 기독교인들을 비난하는 것이다. 학교는 학생의 타고난 품성 자체를 교정할 수는 없지만 이기심보다는 도덕성과 공공성을 지향하도록 교육한다. 교회는 성서와 그리스도의 삶을 통해 신앙인들이 이 세상에서 어떻게 살아가야 하는지를 교육한다. 이것은 신앙과 세속의 삶이 가능한 분리되지 않는 생활을 하도록 하는 것이다. 이 둘의 괴리가 발생할 때 교회는 교정하도록 돕는다.

인생은 태어나는 순간부터, 혹자는 엄마의 자궁 안에서부터 고장이 나기도 한다. 살아가면서 자동차처럼 세월 따라 고장이 나기 시작한다. 몸, 영성, 가족관계, 인간관계 등이 하나씩 고장이 나기 시작하면 교정하여 수리하려고 온갖 수고를 하는 것이 인생이다. 복구되면 행복해지고 교정이 불가해지면 포기하고 애통해 한다. 교회는 고장나는 속도를 늦추고 심한 고장이 나지 않도록 도우며 속히 복구하도록 돕는 기구이다. 지금의 신앙상태로 살다 보면 분명히 고장이 날 것이 분명한데 교회는 이를 알면서도 종종 묵인하기도 한다. 긁어 부스럼이 될까 봐 두려워 교회 자체가 점점 고장나기 시작하는 것이다. 대한성공회는 고장이 날 조짐이 보이면 빠르게 교정하는 복구 능력이 빼어난 교회이다. 성공회에 다녀본 사람들은 다 잘 알겠지만 이것이 성공회의 자랑이며 전통이다. 짙어가는 가을에 서로 보듬으며 무엇보다 자신의 믿음이 고장나지 않기를 기도하자. 나의 사소한 고장이 교회의 고장으로 이어지기 때문이다.

교회 교정 전문가

얼마 전, 교인 수 10만 명의 대형 교회인 명성교회 당회장직이 그의 친아들에게 세습되었다. 종교개혁 500주년 기념일 즈음에 만 인들 앞에서 결코 그런 일은 없을 것이라 호언했던 아들 목사가 이 유야 어찌됐든 근대 이전까지의 왕(王)만이 할 수 있었던 아버지의 자리를 챙긴 꼴이 되었다. 이것은 하나님의 뜻이며 이미 하나님께 서 예정하셨던 일이라며 이에 동조하던 사람들끼리 속닥거렸을 수 도 있다. 가톨릭교회와 성공회의 경우, 주임사제가 교회의 소유주 가 아니며 직제상 세습이 불가능한 교회이다. 이 점에서 성공회는 현대 교회의 큰 문제점 중의 하나인 세습 문제만은 초전부터 해결을 한 셈이다.

한국 개신교회는 자본주의 체제하에서 종교의 자유와 쏜살같은 소득 상승, 기복신앙에 힘입어 단시간에 양적인 급성장을 하였다. 개척 당시 천막교회가 수십만 명의 대형 교회로 성장하니 그 교회 는 개척해서 그만큼 성장시킨 목사가 주인이 되고 그 재산을 자식 에게 상속하기 위해서 자식을 목사로 만들게 된다. 이를 지켜보는 교인들 중 상당수는 이런 일을 당연히 받아들이며 그 교회의 생리를 가장 잘 아는 당회장의 자식이 그 직을 승계해야만 교회에 분열이 안 일어난다고 세뇌되어 있다. 한 교회가 담임목사(당회장) 한 분을 청빙하는데 왜 교회 안에 분열이 생길까? 여기에는 교회 구성원들의 권력과 이해관계가 얽혀있기 때문이다. 이해관계 안에는 여러 가지가 얽혀있는데 대체로 목사의 자질 문제에 대한 이견 때문이기보다는 당회장을 둘러싸고 그동안 취해왔던 이권이 사라지기 때문이다.

현대 교회는 교회 자체가 급속도로 고장나고 있기 때문에 사람들의 영적, 인간적 갈등의 고장을 수리하기에 어려운 상황까지 왔다. 오히려 교회가 세속적 욕망으로 치닫고 있는 까닭에 교회가 신앙인들의 순수한 신앙마저 고장내고 있는 상황이다. 신앙인들은 교회에 출석하지만 점점 신앙과 일상이 더 괴리되어 가고 있다. 성직자와 평신도 모두 고장난 교회를 고장났다고 인식도 못한 채 외부의 지적에 변명이나 하며 수리할 마음조차 없이 고장난 상태를 그대로 수용하고 있다.

한국 개신교회들은 종교개혁 500주년을 기념하면서 불과 몇 주 전에 교회의 잘못된 관습을 교정하고 개혁정신을 회복하겠다고 선언하였다. 그 와중에, 이 선언에 동참했던 명성교회는 이에 역행하여 당회장직의 세습을 마쳤다. 이 모습을 보면서 이미 고장이 난 교회들과 단체들을 기성세대에게 맡겨서 그 어떤 수리를 기대한다는 것 자체가 잘못임을 재확인하게 된 셈이다. 아무리 교회가 세상에서 선한 일을 하면서 전도를 해도 대형 교회 하나가 이런 짓을 하면 기독교 자체가 비난을 받게 되고, 그 여파가 어림잡을 수 없음에도 불구하고 자신의 욕망을 채워가는 도덕불감증의 교회를 누가 수리할 수 있을까. 하느님도 불가할 듯싶다.

성직을 희망하여 훈련하고 있는 신학대학원생들에게 기존의 고장난 대형 교회의 모습들이 향후 그들의 세속적 욕망을 충족시키는 모델이 되어서는 안 된다. 신학대학원 입시 면접부터 성직을 통해 세속적인 명예와 물욕의 욕망을 채우려는 후보자들을 철저히 검증하고, 성직에 대한 소명과 책무를 강화해야만 미래 시대에 교회가 생존할 수 있다. 한시적이라도 신학대학원의 교육목표를 훌륭한 목회자, 멋진 설교자, 능력 있는 전도자로 하기 전에 우선 기성교회가 왜 어디에서 고장났는지, 어떻게 수리할 것인지를 곧바로 파악하고 바로 수리할 수 있는 일꾼(교회교정전문가)으로 육성에 맞추어야 한다. 이들을 통해 일정 기간 한국교회를 교정한 후에 일선 교회가 바라는 목회자를 양성해도 늦지 않다. 지금과 같은 상태에서 졸업하고 교회를 섬기게 되면 기성 목회자들의 오염이 오염인 줄 인식도 못 한 채 또 그들의 세속적 욕망을 답습할까 우려된다. 종교개혁 500주년이 무색하다.

4차 산업과 교회

4차 산업을 설명하는데 가장 중요한 단어 하나를 든다면 '데이터'라고 할 수 있다. 인공지능 로봇도 데이터를 입력하지 않으면 쇳덩어리에 불과하기 때문이다. 한 제품의 디자인, 생산, 판매 서비스에 이르는 일체의 과정이 데이터 중심으로 재구성되어 순식간에 이루어지게 된다. 2017년 1월부터 6월까지 국내 신생아가 18만 명이었는데 이 아이들은 앞으로 평균 142세까지 살게 될 것이라고 한다. 인구는 급감하고 수명이 100세를 훌쩍 넘기게 되는 눈앞의 미래사회를 상상해 본다.

4차 산업이 융성하면 인공지능 로봇이 사람을 대신하여 일을 하게 된다. 미래에도 교회가 존재하는 한 성직자도 존재하게 된다. 로봇을 위한 교회가 아닌 이상, 여전히 지상에 남아있고 대를 이어갈 사람들을 위한 교회에서 인공지능이 대신해 줄 수 있는 것이 무엇이 있을까? 교회행정 관리는 물론 교리교육, 성서공부까지는 어느 정도 가능할 것 같다. 세상의 가장 훌륭하다고 하는 설교 데이터들을 입력하면 인공지능이 교회력과 상황에 따라 적절한 설교문을 산출해 낼 수도 있을 것이다. 그러나 이 설교원고가 인공지능에서 비롯된 것임을 알게 되는 교인들의 정서는 예측할 수 없다. 또 이 설교를 누가 선포할 것인지의 문제도 남아 있다. 설교가 일방적 전달식 지식교육이 아니기 때문이다. 그 밖에 성직자가 전통적으로 해오고 있는 성찬예식, 상담, 심방도 인공지능 로봇이 수행할 수 있을지 모르지만 그 누구도 로봇에게 자신의 종교적인 감성까지 의존하려고 하지는 않을 것이다. 앞으로 인간만이 할 수 있는 직업만 남게 된다면 이 점에서 성직자는 가장 오래 남을 직업군임이 분명하다. 이 점 때문에 4차 산업이 융성해도 교회는 여전히 사회변화에 가장 더딘 보수집단으로 있게 될 가능성이 높다. 그러나 앞으로는 4차 산업에 대응하여 변화하는 교회만 존재하게 될 전망이다.

1982년 이후 출생한 사람의 감성은 기성세대와 완연히 다르다는 통계가 있다. 2017년 이후 출생한 아이들의 정서는 예측하기도 힘들다. 이미 교회 안에서조차 젊은이들은 SNS로 소통하고 있기 때문이다. 종교적 품성에서 가장 중요한 '측은지심'의 감정은 점차 사라지게 될 것이고 모든 문제를 물질(돈)로 해결하려고 할 것이다. 인공지능처럼 수리적이며 계산적으로 기계화된 사회에서 감성적인 사람들이 모이는 교회의 역할은 그 어느 시대보다 더 막중해지기 시작했다.

4차 산업에 대응할 것들을 주도적으로 추진해야 할 사람은 분명 성직자이다. 앞으로 성직자는 지속적인 교육을 통해 4차 산업이 무엇인지, 교회와 성직자는 변화하는 사회에서 무엇을 어떻게 준비하고 대응하며 목회할 것인지를 학습해야만 한다. 평신도들은 4차 산업 일선에서 일하고 있는데 성직자는 중세기 형태의 교회틀에서 머무는 것이 더 효과적인 측면도 있을 수는 있겠지만 그것도 잠시이지 결국 모두 등을 돌리게 될 것이다. 1960-70년대 공도문과 성가도 통하지 않게 된 지금, 잠시 과거의 공도문을 그리워하시는 분들도 연세가 드셔서 소수만 교회에 출석하신다.

인공지능이 할 수 없는 일을 성직자가 담당해야 할 부분은 사람의 섬세한 종교적 영성과 측은지심을 고양시키고 상담하는 일이다. 기계화가 되어갈수록 도덕적이며 영적인 인간성 회복에 관심을 갖게 되기 때문이다. 성직자는 넓게는 인문학, 좁게는 심리학과 영성을 연구하면서 동시에 인공지능이 각 분야에 어떻게 접목되고 있는지에 대한 시스템을 인지하고 있어야 한다. 얼마 후면 가상현실(증강현실) 체험기기를 교회 안에 들여와 천당과 지옥을 체험하도록 하면서 이를 악용하는 목회자들도 있을 것이다. 이단은 더욱 기승을 부릴 것이고 테크놀로지에는 밝지만 과학적 사고가 결여된 시민들은 과거보다 더 쉽게 빠져들게 될 가능성이 높다. 앞으로 성직자들이 공부하고 감당해야 할 몫은 배가 될 것이다.

성탄 축제

필자가 20대이었던 1970년대의 젊은이들은 성탄카드를 직접 그리기도 했다. 성탄카드가 비싸기도 했지만 대체로 유치했고 직접 만든 카드가 정성이 들어있어 보였기 때문이고 또 유행이기도 했다. 카드로 사용하기에 적당한 두께의 흰 종이를 사서 자르고 그 안에 얇은 속지까지 조심스럽게 붙여 카드의 품격을 높이기도 했다. 카드 겉 그림은 그림을 잘 그리는 친구한테 부탁하곤 했는데 그림 소재는 수년 동안 똑같았다. 친구는 수채화 물감으로 이국풍의 붉은 벽돌 교회 건물과 상록수를 그리곤 했다. 상록수 위에는 접착이 잘되도록 물감이 채 마르기 전에 반짝이 가루를 붙이기도 했다. 속지에는 언제나 'Merry Christmas & Happy New Year'를 적었고, 그 아래에 '즐거운 크리스마스, 행복한 새해'라고 썼다. 수공품이기 때문에 많이 제작해야 기껏 10장 남짓이었다. 문제는 누구에게 보낼 것인지 사람을 선택하는 것에만 한 주일 이상이 걸렸고 선택된 명단은 언제나 바뀌었다. 카드를 제작하는 기간은 짧으면 이틀, 길면 일주일 정도 걸렸다. 그림을 맡은 친구는 공짜로 해줬지만 태극당이나 고려당에 가서 최소한 소보로 빵과 우유를 대접해야 했다.

　교회에서 성탄을 준비하는 밤에는 남녀 청년들이 나무 바닥 회 중석 한가운데 위치한 난롯가에 모여 장식을 만들어 벽에 붙이면서 수다를 떨었고 성가대원들은 성탄절에 부를 성가와 교우 집에 새벽 송 돌 때 부를 캐럴을 연습했다. 열흘 이상 매일 밤 계속된 준비 기간에는 선남선녀들이 교회 안에서 공개적으로 떳떳하게 만날 수 있는 기회였으니 평소 교회 출석을 게을리하던 청년들은 물론, 어떤 이는 낯선 친구들까지 데려오기도 했다. 운이 좋아서 눈이라도 오는 밤에는 그날 분량의 성탄 준비가 끝나기가 무섭게 길을 헤집거나 빵집에 가곤 했다. 성탄 자정 예배 후에는 새벽까지 교우 집을 방문하며 집 앞에서 캐럴을 부르면 먹거리나 약간의 돈을 주었는데 이것을 모아 가난했던 청년회 기금으로 사용했다. 하지만 새해가 되면 다시 교회는 썰렁해졌다. 당시 교회 생활을 할 때는 아기 예수가 탄생한 의미를 되새기는 청년들은 거의 없었고 그저 성탄 분위기에 취해 어린이처럼 마냥 즐거워하기만 했다. 이제는 시간이 흘러 어느덧 60대 중반이 되어 4차 산업 시대의 출발점에 서 있다. 성탄 준비는 교회학교 교사와 교회 직원들의 몫이 되었고 대부분 기성품을 사서 장식을 한다. 성탄 준비한다고 더 이상 청년들이 밤에 교회 안으로 들어오지 않는다.

　유럽은 10월 말이나 11월 초부터 시내에 캐럴이 울려 퍼지고 상가마다 성탄 장식을 시작한다. 성탄을 이용한 상술일 수도 있지만 시민들은 진정으로 성탄의 분위기를 즐기려고 한다. 성탄 분위기를 조성하는 가장 큰 것은 구세군 자선냄비, 곳곳에서 울려 퍼지는 캐럴, 그리고 교회와 백화점을 비롯한 상가외벽 장식이다. 아기 예수 탄생을 축제로 맞이하고 싶은 마음은 루가복음 1장 26절에 기록되어 있듯이 가브리엘 대천사가 마리아에게 나타나 "은총을 가득히 받은 이여 기뻐하여라. 주께서 너와 함께 계신다"라고 한 말에서 볼 수 있다. 마태오 복음 1장 21절에는 "예수는 자기 백성을 죄에서 구원할 것이다"라고 기록되어 있다. 이 소식은 "하늘 높은 곳에는 하느님께 영광이고 땅에서는 그분께서 사랑하시는 사람들에게 영광"이었다. 앞으로 십자가에서 받으실 예수님의 고통은 기억하지 않은 채 탄생 자체만 낭만적인 축제로 기억하게 된 것이다. 이 축제를 승화하기 위해서 성탄절에는 더더욱 가난하고 소외된 이들과 함께 아기 예수 탄생을 기뻐할 수 있는 성탄 분위기를 조성해야 할 몫이 교회에 있다. 이것이 예수께서 비천한 마구간에서 태어나신 까닭이기도 하다. 이 분위기 조성은 배려와 나눔이며 이것이 곧 성탄을 진정한 축제로 승화시키는 유일한 길이다.

한국 교회 건축

　박해 시기에 카타콤에 비밀리 모여 예배드렸듯이 기독교가 한
국에 전래된 후 박해 기간에 숨어서 예배드렸던 기간을 제외하면
최초의 한국교회는 초가집의 솔래교회이다. 초기 한국의 교회 건물
은 대부분 한옥식 가옥이었다. 일제 강점 직전에 축조된 한국의 대
표적인 교회는 가톨릭의 명동성당(1892), 개신교에서는 장로교 새
문안교회(1895)와 정동제일감리교회(1897)를 들 수 있다. 일제 강
점기에 서양 선교사들은 정부로부터 신변을 보호받을 수 있는 정동
지역에 거주하면서 이곳을 한국 속에 서양의 기독교 왕국처럼 만들
었다.

　이 시기부터 한국에 서양식 건축물들이 축조되는데 대표적인
교파 건축물로서 성공회 서울 대성당(주교좌성당 1926), 덕수궁 옆
구세군 사관학교(1926)가 있다. 특히 1920년대는 서대문 형무소,
서울역사, 서울대 의대 등 서양식 건물이 본격적으로 건축된 시기
이다. 이 건축물들이 한국 교회 건축양식에 미친 영향은 지대했다.
그 후 해방이 되기 전까지 일제의 정책으로 인해 종교 활동에 일정

제약이 있어 교회 건축은 활발하지 못했지만 이 시기에 건축된 교회 건물은 대체로 한양절충양식, 한일절충양식으로 축조되었다.

해방과 한국동란 직후부터 다시 교회 건축이 재개되기 시작했는데 1950년 한국동란 중에 장로교 통합 측의 대표적인 교회라고 할 수 있는 영락교회가 네오고딕양식으로 건축되었고 합동 측의 충현교회는 1980년에 현재의 교회 건물을 건축하기 시작하여 8년 만에 고딕식으로 완성하였다. 영락교회의 건축양식은 한국의 장로교회 건축양식에 지대한 영향을 주었는데 1950년대부터 1970년대까지 약 20년 동안 건축된 교회의 상당수가 네오고딕풍으로 건축된 것을 볼 수 있다.

1960년대는 한국 신학계에서 토착화와 세속화 논쟁이 활발하던 시기였음에도 불구하고 60년대에 축조된 교회 건축물들 역시 대부분 서구의 네오고딕풍으로 건축되었다. 이것은 한국 신학계의 토착화 논쟁이 일선 교회 목회자나 신자들에게까지 영향을 미치지 못하고 신학교 안에서만 일어났던 신학적 이슈라고 할 수밖에 없다.

1970년 후반은 네오고딕 양식을 현대적으로 변형한 또 다른 유사 네오고딕과 현대식 교회 건축물이 동시에 축조되는 실험적인 교회 건축 양식의 과도기였다. 교단 및 교파별로 선호하는 정해진 특별한 양식이 있는 것은 아니지만 대체로 장로교회들은 영락교회의 영향을 받아 네오고딕풍의 건축물을 선호하였다.

1980년대 후반부터 유학을 다녀온 젊은 건축가들에 의해 가톨릭교회와 몇몇 개신교회가 현대 미학적 표현주의 건축양식을 취하면서 다양한 교회 건축이 출현했다. 그럼에도 불구하고 뾰족탑 양식으로 각인 되어 있는 교회 이미지는 쉽게 변화되지는 않았다.

1990년-2000년대에 서울 근교에 대단지 신도시가 형성되어 서울의 중산층 다가구가 신도시로 이주함에 따라 서울 시내의 몇몇 대형 교회들은 교회 자체를 신도시로 옮기기도 하였다. 그러나 대부분의 대형 교회들은 기업이 분점을 차리듯이 지교회(支敎會)를 신도시에 서로 경쟁하듯 신축하였다. 아파트 단지 풍광에 걸맞게 신도시 교회 건축은 대부분 네오고딕 양식을 취하지 않고 교회마다 다양한 현대식으로 건축하였다.

한국의 기독교는 초기 전래 이후 박해시기를 거치는 동안 예배처소로서 한국의 전통 민가를 사용하였다. 가톨릭의 명동성당, 성공회의 서울 주교좌성당, 감리교의 정동교회와 같은 국내 교단의 오래되고 대표적인 교회들은 서양 선교사들이 스스로 건축의 주체자가 되어 서양식으로 이 땅에 이식한 경우이다. 한국교회 건축 토착화의 시작은 1920년대 서울 장안에 서양식 건축물이 한창 축조되던 때와 같은 시기에 세워진 한양절충양식의 교회 건축물이라고 할 수 있다.

그 후 이러한 양식이 사라지고 네오고딕을 근간으로 한 양식이 교회 건축으로 정착된 이후 서울 근교 신도시를 중심으로 유사 네오고딕으로 대형의 교회 건축물들이 축조되기 시작했다. 이러한 건축물에는 교단에 관계없이 몇 가지 공통점이 있다. 양식적인 측면에서 이 건축물들은 모두 네오고딕을 근간으로 한 유사고딕이지만 각각의 교회들은 서로 차별성을 두고 축조하고 있다. 그 차별성은 대체로 'F-15 전투기, 아폴로 우주선, 유치원, 디즈니랜드, 러브호텔이나 웨딩홀'과 같은 특이한 혼성 모방적인 키치적 모양을 취하고 있다는 점이다. 외형과 입지는 친환경적이지 못하고 지역사회와 유기적 관계가 희박하며 주변 환경과도 조화롭지 못하다.

미래의 교회는 사회의 변화와 요구에 따라 다양해질 필요가 있는데 임대교회를 교회 건축의 한 장르로 정착시키는 것도 중요하다. 건축보다 중요한 것은 지역사회를 섬기는 교회의 근본 개념과 예전 및 선교 신학을 재정립하는 일이다. 서양 선교사로부터 이식된 근본주의 신학적 성향과 정복 지향적인 선교 신학을 극복하지 못하면서 혼성 모방적인 서구식 키치 건축물들이 한동안 축조되었다. 하지만 최근 건축가와 목회자 교인들의 의식과 미적 수준이 높아지면서 작지만 아름다운 교회 건물들이 곳곳에 눈에 띄는 것을 볼 수 있다. 고무적인 일이다.